제로 웨이스트가 뭐예요?

미래를 여는 키워드 — 6

제로 웨이스트가 뭐예요?

초판 1쇄 발행 2025년 1월 25일
글쓴이 장성익 | **그린이** 이진아
펴낸이 홍석 | **이사** 홍성우
편집부장 이정은 | **편집** 조유진 | **디자인** 권영은·김영주
마케팅 이송희·김민경 | **제작** 홍보람 | **관리** 최우리·정원경·조영행
펴낸곳 도서출판 풀빛 | **등록** 1979년 3월 6일 제2021-000055호 | **제조국** 대한민국 | **사용 연령** 8세 이상
주소 서울 강서구 양천로 583, 우림블루나인 비즈니스센터 A동 21층 2110호
전화 02-363-5995(영업), 02-362-8900(편집) | **팩스** 070-4275-0445
전자우편 kids@pulbit.co.kr | **홈페이지** www.pulbit.co.kr | **블로그** blog.naver.com/pulbitbooks | **인스타그램** instagram.com/pulbitkids

ⓒ 장성익 2025

ISBN 979-11-6172-986-2 74300
       979-11-6172-448-5(세트)

'보이지 않는 고릴라'라는 유명한 실험이 있어. 1999년 미국 하버드대학의 두 심리학자가 한 흥미로운 실험이야. 이들은 실험 참가자들에게 흰옷과 검은 옷을 각각 입은 3명씩으로 이뤄진 두 팀이 농구공을 패스하는 짧은 동영상을 보여 주면서 흰옷 팀이 패스한 횟수를 세라고 주문했어.

그런데 이 영상에는 고릴라로 분장한 사람이 실험 장소 한가운데로 걸어 나와 카메라를 보고서 가슴을 두드리고 지나가는 장면이 있었어. 영상을 다 본 실험 참가자들은 이런 질문을 받았어. "혹시 고릴라를 봤나요?" 답변 결과는 놀라웠어. 고릴라를 보지 못했다고 대답한 사람이 참가자의 절반이나 됐거든. 흰옷 팀이 패스하는 횟수를 세는 데만 정신이 팔려 다른 건 눈에 들어오지 않았던 거야.

이렇듯 사람에겐 자기가 보려고 하는 것, 보고 싶어 하는 것만 인식하는 경향이 있어. 그 바람에 뭔가가 뻔히 존재하는데도 이것을 보지 못하고 마치 없는 것처럼 여길 때가 많아.

쓰레기가 바로 그래. 많은 사람이 달콤한 소비 생활을 추구하는 데 정신이 팔려 그 소비의 필연적 산물인 쓰레기라는 '고릴라'를 놓치곤 하지. 하지만 쓰레기를 보고 싶어 하지 않는다고 해서, 혹은 쓰레기가 내 눈앞에서 당장 치워진다고 해서 쓰레기가 존재하지 않는 건 아니잖아? 작게는 나의 일상생활과 크게는 지금의 인류 문명이 어마어마한 쓰레기 더미 위에서 유지되고 있다는 '불편한 진실'을 똑바로 볼 줄 알아야 해. 그러지 않는다면 갈수록 늘어나는 쓰레기가 이 지구를 집어삼키게 될지도 몰라.

제로 웨이스트(Zero Waste)는 쓰레기를 최소한으로 줄이려고 노력하는 걸 말해. 이것은 이제 '선택'이 아닌 '필수'야. 제로 웨이스트는 지구 살리기 같은 거창한 것만을 위한 게 아니야. '좋은 삶'을 위해서도 필요해. 쓰레기를 줄이는 만큼 더 산뜻하고 경쾌한 생활을 누릴 수 있어. 허구한 날 더 많이 소유하고 소비한답시고 바리바리 무거운 짐을 진 채 끙끙거리는 게 과연 현명한 삶의 방식일까?

쓰레기는 이 세상을 들여다보는 '창'이야. 우리 삶의 현주소를 비춰 주는 '거울'이기도 해. 이 책을 디딤돌 삼아 쓰레기에 얽힌 다양한 문제들을 제대로 이해하고 이를 바탕으로 제로 웨이스트 실천의 첫걸음을 내디뎌 보자. 이 첫걸음이 나와 지구, 곧 인간과 자연이 조화롭게 공존하는 새로운 미래의 출발점이 될 수 있어.

장성익

차례

1장

'소비 왕국'에서
벌어지는 일

2장

쓰레기에
담긴 세상

1장

'소비 왕국'에서 벌어지는 일

꼬리가 몸통을 흔들다니

얼마 전 모임에서 오랜만에 만난 친구가 있어. 이 친구는 평소 환경 문제에 별다른 관심이 없었어. 한데 그날 모임에선 뜻밖의 얘기를 꺼냈지. 이 친구는 어느 아파트 단지에 사는데, 매주 쓰레기 분리배출하는 날마다 산더미처럼 쌓이는 쓰레기를 보니까 걱정이 좀 되더라는 거야. '저 많은 쓰레기가 다 어디로 가서 어떻게 처리될까?' 하고 말이야.

그 친구 말로는 코로나19 사태 이전엔 쓰레기 문제가 얼마나 심각한지 잘 몰랐대. 근데 2020년 초부터 3년이 넘도록 계속된 코로나19 사태 기간에 쓰레기가 급격히 늘어나는 걸 직접 목격하면서 생각이 달라지더라는 거야.

통계 조사 결과를 봐도 그때 쓰레기가 엄청나게 늘어났다는 걸 잘 알 수 있어. 선두 주자는 단연 플라스틱을 비롯한 포장재 쓰레기와 일회용품이었어. 사회적 거리 두기 같은 방역 정책으로 사람들이 집에 머무는 시간이 늘어나면서 음식 포장과 배달, 온라인 물건 구매 등이 급증한 탓이지.

갈수록 심각해지고 있는 쓰레기 문제는 이렇듯 평소 환경 문제에 관심이 없던 사람마저도 바꾸고 있어. 아마 우리 생활과 직결된 문제여서 다른 환경 문제들보다 훨씬 더 실감 나게 다가오기 때문이 아닐까 싶어.

도대체 쓰레기는 왜 이토록 많이 생기는 걸까? 쓰레기 이야기를 꺼내면 누구나 가장 먼저 떠올리게 되는 의문이 이거야. 그래서 쓰레기 이야기는 자연스럽게 소비에 관한 이야기에서 출발해. 쓰레기란 곧 소비의 산물이기 때문이지.

먼저 알아야 할 건 현대 사회의 가장 핵심적인 특성이 소비 사회라는 사실이야. 소비 사회란 소비가 세상과 삶의 중심을 이루는 사회를 말해. 뭔가를 많이 가지고, 많이 쓰고, 많이 버리는 걸 떠받드는 사회라고 할 수 있지. 현대인의 가장 중요한 정체성을 소비에서 찾곤 하는 것도 이런 이유에서야.

그러다 보니 우스꽝스러운 일이 벌어지기도 해. 예를 들어, 2022~2023년에 포켓몬 빵이란 게 엄청난 인기를 끈 적이 있어. 이 빵이 얼마나 불티나게 팔렸는지, 편의점 등에서 들여놓기만 하면 순식간에 동나곤 했지. 흥미로운 건 사람들이 이 빵을 사는 진짜 이유야. 빵을 먹기 위해서가 아니었거든. 그건 포켓몬 스티커를 모으기 위해서였어. 그 바람에 스티커만 챙기고 빵은 그냥 버리는 경우도 많았어. 혹시 너희는 이런 경험을 한 적이 없니?

비슷한 사례는 또 있어. 인기 아이돌 가수의 음반에 든 포토 카드를 모으거나 팬 사인회에 응모하려고 같은 음반을 수십 장씩 사들이는 경우가 대표적이야.

빵은 음식이고 음반은 음악을 듣는 도구야. 한데 이 두 가지 사례는 우리의 소비가 물건의 본래 용도나 기능과는 무관하게 이루어질 때가 많다는 걸 보여 주고 있어. 꼬리가 몸통을 흔드는 격이지. 그 결과는 불필요한 소비, 더 많은 소비야. 내가 좋아하는 뭔가를 손에 넣으려면 그다지 필요하지도 않은 다른 것을 반드시 사야 한다? 이건 좀 이상하지 않아?

어떻게든 물건을 많이 소비하게 만드는 것. 이것이 우리가 살아가는 현대 자본주의 소비 사회의 모습이야. 우리나라는 물론 세계 전체가 넘쳐나는 쓰레기로 몸살을 앓게 된 건 당연한 결과인 거지.

소비 사회는 어떻게 열렸을까?

이런 세상은 언제 어떻게 시작됐을까? 결정적인 분수령은 산업 혁명이었어. 산업 혁명이란 1760년대 무렵 영국에서 시작돼 그 뒤 약 100년간 유럽에서 일어난 사회 경제 전반의 거대한 구조적 변화를 말해. 획기적인 기술 혁신으로 공장에서 기계를 사용해 물건을 대량으로 생산하는 공업화가 이루어졌지. 이전에는 대부분 물건을 사람 손이나 소박한 도구를 이용해 만들었거든.

공장에서 갖가지 물건이 쏟아져 나오기 시작하면서 자연스레 사람들의 소비 문화에도 큰 변화의 바람이 불었어. 산업 혁명 이전에 극소수 왕족이나 귀족을 뺀 대다수 사람은 살아가는 데 꼭 필요한 물품만 샀어. 하지만 이젠 많은 사람이 기본적인 필요나 욕구 충족을 넘어 소비 자체가 안겨 주는 즐거움을 맛볼 수 있게 되었지. 그러다가 산업화 흐름이 거세지고 사람들 생활 수준이 높아지면서 점차 소비를 통해 자신의 취향이나 개성, 혹은 경제력 등을 드러내게 되었어.

현대 소비 사회를 빚어 낸 또 다른 결정타는 '포드주의'라 불리는 새로운 생산 체제야. 1920년대에 미국에서 등장한 뒤 널리 퍼졌지. 혹시 컨베이어 벨트가 뭔지 아니? 물건을 연속적으로 운반하는 긴 띠 모양의 기계적 장치를 말해. 포드라는 미국의 자동차 기업이 이 컨베이어 시스템을 이용해 자동차를 생산하기 시작한 데서 포드주의가 비롯했어. 표준화되고 규격화된 부품 조립 공정을 통해서 똑같은 제품을 매우 효율적이고도 빠르게 대량 생산하는 거지.

포드주의 덕분에 생산이 눈부시게 늘어나자 소비 또한 폭발적으로 늘었어. 그러면서 자본주의 경제 체제와 소비 중심의 생활 문화가 서구를 넘어 전 세계로 급속히 퍼져 나갔어. 이른바 소비 자본주의 시대, 즉 소비가 미덕인 시대가 본격적으로 열린 거야. 1950년대쯤이었어.

이것이 어떤 결과를 낳았을까? 일차적으로는 인류에게 놀라운 물질의 풍요를 안겨 주었어. 하지만 빛이 밝을수록 그늘도 짙은 법이야. 이제 물건을 되도록 빨리 버리고 새것을 사야, 그리고 이 과정을 끊임없이 되풀이해야, 더 나아가서는 소비하는 물건과 폐기하는 쓰레기의 양이 많아질수록 세상이 '진보'하고 '발전'

하는 것처럼 여기게 되었어. 일회용품 확산, 플라스틱 제품 대중화, 기술과 디자인의 끊임없는 변화 등은 이런 흐름을 더욱 부추겼지. 그 바람에 물건을 사고 또 사고, 동시에 그것을 버리고 또 버리는 것이 현대인의 일상이 되고 말았어.

광고와 유행의 힘

소비 사회의 꽃을 활짝 피우는 데 가장 눈부신 활약을 펼친 일등 공신은 '자본주의의 꽃'이라 불리는 광고야.

광고는 사람들의 소비 욕구와 필요를 충족시켜 줄 물건이 무엇인지, 그 물건이 얼마나 멋지고 훌륭한 것인지를 알려 줘. 나아가 그 물건을 사용하면 커다란 만족과 이득을 얻게 된다고 집요하게 설득해. 이렇게 해서 광고는 이미 가지고 있는 건 가치 없게 여기게 하고 아직 가지지 않은 건 탐나게 만들어 결국 사람들이 지갑을 열게 하는 마법을 부리지.

광고는 우리 일상을 촘촘하게 에워싸고 있어. 사실 현대인들은 태어나서부터 죽을 때까지, 1년 365일 내내 아침에 눈을 떠서 밤에 잠들 때까지 광고에 둘러싸여 지낸다고 해도 과언이 아니야. 텔레비전, 핸드폰, 인터넷 등은 물론이고 길을 걷다가도, 버스나 지하철을 타서도 눈길이 닿는 곳마다 마주치는 게 광고 홍보물이잖아? 전 세계적으로 무기 산업 다음으로 규모가 큰 것이 광고 산업이라는 얘기가 나올 정도지.

특히 요즘 광고는 단순한 상품 선전에서 끝나지 않아. 사회적 지위나 인간의 가치를 소비 능력과 연결 짓는 전략을 자주 사용하지. 즉, 어떤 물건을 쓰느냐가 그 사람의 가치나 지위를 결정한다는 환상을 불어넣는다는 얘기야. 요즘 광고가 물건의 기능이나 특징보다 그 물건을 쓰는 이들이 어떤 종류의 사람인지를 알려 주는 데 초점을 맞출 때가 많은 건 이런 이유에서야. 대개는 날씬하고, 아름답고, 사랑받고, 행복하고, 여유를 즐기고, 남들로부터 존경이나 부러움을 받는 사람들이지. 광고는 이런 사람이 되고 싶다면 그 물건을 사서 쓰라는 달콤하면서도 강력한 유혹의 덫이야.

이러한 광고는 유행과 밀접한 관계를 맺고 있어. 수시로 변하

는 유행을 재빨리 반영하는 광고일수록 효과가 클 테니까 말이야. 알다시피 현대인 대다수는 유행에 아주 민감해. 그러지 않으면 뒤떨어지거나 고리타분한 사람으로 여겨지기 일쑤니까. 이렇게 유행 따라 새로운 물건을 사다 보니 기존에 쓰던 멀쩡한 물건도 그냥 버리는 일이 벌어질 수밖에 없어.

대부분의 유행은 기업이 의도적으로 만들어 내거나 부추긴 것들이야. 물건을 많이 팔아서 최대한 이익을 얻으려고 말이야. 유행이 빨리 바뀔수록 물건을 많이 팔 수 있기 때문에 오늘날 유행 주기는 갈수록 짧아지고 있어. 그만큼 유행은 광고와 짝짜꿍을 이루면서 새로운 소비를 쉼 없이 만들어 내는 데 톡톡히 기여하고 있어.

여기서 한 가지 질문을 해 볼게. 끊임없는 소비 욕망은 인간의 본성일까?

물론 뭔가를 많이 가지려는 인간의 욕망은 매우 일반적이고 또 뿌리가 깊어. 그렇지만 이 욕망이 자본주의 시스템 아래서는 더욱 인위적으로 만들어지고 또 무제한으로 커지고 있어. 무차별 광고 세례와 끝없는 유행의 파도는 이를 부추기고 있지. 그 와중에 현대인들은 충직한 소비자로 길들어 가고 있어. 기업이 생산하는 건 상품만이 아니야. 소비자 또한 끝없이 '생산'하고 있어. 광고와 유행은 '소비 바이러스'를 모든 이에게 전염시키는 자본주의 소비 사회의 '초고속 열차'라고 할 수 있어.

소비를 끝없이 부추기려면

그런데 소비를 무제한으로 늘리려면 광고나 유행의 폭탄만으로 충분할까? 아무리 물건을 많이 사게 만들더라도 사람들이 자동차, 냉장고, 세탁기 등을 끝도 없이 계속 사들일 순 없잖아? 그럼 어떻게 해야 할까?

좋은 방법이 있어. 물건들을 되도록 빨리 사라지게 하는 거야. 물건들이 빠른 속도로 버려져야 새로운 것으로 교체할 필요가 생겨나잖아? 그러자면 물건을 어떻게든 빨리 낡은 것, 한물간 것, 뒤떨어진 것, 망가진 것으로 만들어야 해. 이것을 '진부화' 전략이라고 해. '구식화' 또는 '노후화'라는 말을 쓰기도 하지. 말 그대로 물건을 낡고 새롭지 못한 구식으로 만든다는 뜻이야.

세르주 라투슈라는 프랑스 경제학자에 따르면 진부화에는 크게 세 가지 종류가 있어.

첫 번째는 기술적 진부화야. 기술 개선과 진보에 따라 어떤 기계나 설비가 구식으로 전락하는 걸 말해. 예를 들어 증기 기관차가 등장하자 마차는 밀려났잖아.

두 번째는 심리적(혹은 상징적) 진부화야. 실질적인 기술이나 기능이 발전한 게 아니라 광고나 유행, 취향 등의 변화에 따라 물건이 구식으로 바뀌는 걸 뜻해. 이 경우에 이전 제품과 새 제품의 차이는 겉모습의 차이에 지나지 않을 때가 많아.

가장 교활하고도 고약한 건 세 번째의 계획적(혹은 의도적) 진부화야. 이건 처음부터 일부러 물건 수명을 짧게 만들거나 어떤 결함을 제품에 심는 걸 의미해. 제품 보증 기간이 끝나자마자 고장이 나도록 기계를 설계하는 것 등이 그런 보기지.

진부화에 더해 일회용품 범람은 '빨리빨리' 소비 문화를 더욱 단단히 뿌리내리게 했어. 그 바람에 새로 나온 제품이 더 멋져 보이거나 혹은 쓰던 물건에 단순히 싫증이 나서 멀쩡한 물건인데도 아무렇게나 버리는 풍조가 널리 퍼졌지.

소비 사회가 발달할수록 소비의 이유도 바뀌었어. 예컨대 요즘 사람들이 새 옷을 사는 이유는 옷이 없어서라기보다는 자신의 취향을 드러내거나 좀 더 멋있게 보이도록 하기 위해서일 때가 많아. 특히 요즘은 편리함이나 효율성 등을 더 많이 누리려는 마음이 소비의 큰 이유가 되고 있어. 가령 세탁기, 냉장고, 진공청소기, 전자레인지 같은 것들 덕분에 사람들은 편리하고 안락한 생활을 누리며 시간도 절약할 수 있게 되었지.

그래서 이제 소비는 자유나 행복 같은 걸 뜻하게 되었어. 뭔가를 사면 자유를 누린다는 느낌이 들어. 세상이 나를 중심으로 돌아가는 것 같고, 왠지 새로운 힘이나 권력이 솟는 듯한 기분을 맛보기도 해. 사람들이 소비 중독에 빠지는 중요한 이유 중의 하나가 이거야.

이는 '과시적 소비'라는 것과도 연결돼. 자신의 경제적 능력이나 사회적 지위 등을 남들에게 뽐내려고 소비한다는 거야. 남들로부터 부러움, 존경, 주목 등을 받고 싶어 하는 욕망을 소비로 충족시키는 셈이지. 실용적인 쓰임새와는 무관하게 값비싼 명품을 사는 게 대표 사례야. 오늘날 과시적 소비는 부유층뿐만 아니라 현대인의 일반적인 소비 현상으로 자리 잡았어.

과시적 소비가 일으키는 문제는 불필요한 낭비를 조장하는 데서 그치지 않아. 비싼 물건으로 자신을 드러내고 남들보다 높아지려는 욕망에서 비롯된 것이기 때문에 인간관계에 해를 끼치고 공감, 소통, 연대, 협동 등과 같은 사회적 가치들을 훼손할 위험이 커.

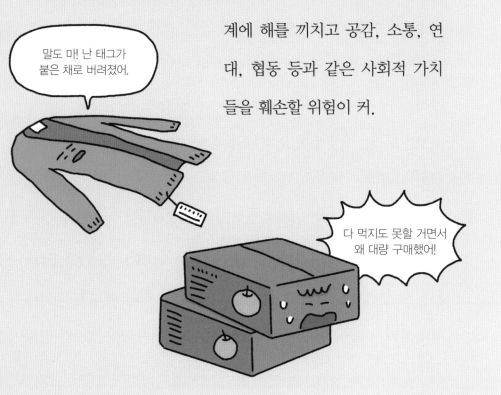

한 글자도 안 읽을 거면서 나를 왜 샀냐.

내가 요즘 스타일이 아니라고 버린대!

소비 이야기는 단순히 개인 차원의 돈 씀씀이나 생활 습관에 관한 것쯤으로 국한되지 않아. 무엇보다 소비가 일으키는 자연 파괴, 자원과 에너지 낭비 같은 환경 문제가 갈수록 두드러지고 있지.

나의 소비는 세계 전체와 연결돼 있어. 이것을 가장 잘 보여 주는 게 쓰레기야.

순진하긴! 나처럼 아예 수명이 짧게 만들어진 제품도 있다구.

심각하네, 쓰레기 문제.

어쩌냐…

2장

쓰레기에
담긴
세상

쓰레기, 재앙이 되다

알고 있니? 무한히 펼쳐진 저 우주 공간에도 인간이 버린 쓰레기들이 있다는 거. 쓸모를 다한 뒤 버려진 인공위성, 우주선과 로켓 등의 부품이나 파편, 우주 시설에서 사고 등으로 떨어져 나온 물체 조각 등이 정처 없이 떠돌아다니고 있지. 이른바 '우주 쓰레기'야.

한국 항공 우주 연구원에 따르면 현재 지름 1~10센티미터 크기의 우주 쓰레기가 50만 개 이상이나 돼. 10센티미터가 넘는 것은 3만~4만 개에 이르고. 이 가운데 일부는 지구로 떨어져 사람들이 피해를 볼 위험이 갈수록 커지고 있어.

우주에서조차 쓰레기 문제는 골칫거리로 떠오르고 있으니 80억 명이 넘는 인구가 북적거리면서 끝없이 쓰레기를 뱉어 내는 이 비좁은 지구는 어떨까? 게다가 최근 200~300년간 우리 인류는 쓰레기를 어마어마하게 토해 낼 수밖에 없는 경제 성장과 산업화의 길만을 달려왔으니 오죽하겠어?

쓰레기가 일으키는 가장 큰 문제는 두말할 필요도 없이 쓰레기의 양이 너무 많다는 점이야. 20세기가 열리기 전만 해도 얼마 되지 않았어. 하지만 지금은 지구가 더는 감당하기 어려운 지경에 이르고 말았어.

대표적인 쓰레기의 대명사 플라스틱을 살펴볼까? 조사 결과에 따르면 우리나라에서 2020년 한 해에 버려진 비닐봉지만 해도 235억 장, 페트병은 49억 개, 플라스틱 컵은 33억 개나 돼. 이 정도 양의 비닐봉지면 한반도 전체 면적의 70퍼센트를 덮을 수 있어. 이 정도로 많은 페트병을 쭉 이어붙이면 지구를 열 바퀴 반이나 돌 수 있고, 이 정도 개수의 플라스틱 컵을 쌓으면 달까지 닿아.

유엔 환경 계획(UNEP)에 따르면 최근 이런 플라스틱 쓰레기가 세계 전체적으로 1950년대에 비해 174배나 늘었어. 게다가 이것이 2040년엔 다시 두 배로 껑충 뛸 전망이야.

쓰레기의 질, 즉 성분도 크게 바뀌었어. 썩지 않는 플라스틱을 비롯해 온갖 해로운 화학 성분이 급속도로 늘어난 게 대표적이지. 그 결과 오늘날 쓰레기는 자연은 물론 인간에게도 큰 해악을 끼치는 독성 물질을 끝없이 쏟아 내고 있어.

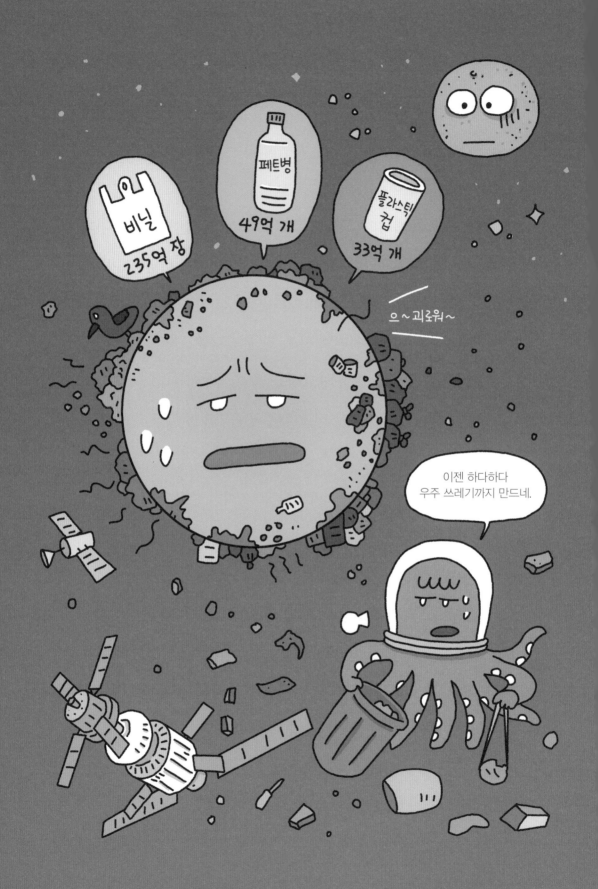

곡선에서 직선으로

더 깊이 생각해 볼 점은 쓰레기 문제가 심각해지면서 물질 흐름의 방식이 근본적으로 달라졌다는 사실이야.

쓰레기가 많지 않던 예전의 물질 흐름은 자연 생태계와 크게 다르지 않았어. 이를테면 자연 생태계에서 생물의 배설물이나 사체는 쓸모없이 버려지지 않잖아? 다시 흙으로 돌아가 대지에 영양분을 제공하니까. 그럼으로써 생명 세계를 풍요롭게 하는 밑거름이 되지.

이렇듯 자연에는 쓰레기라는 것 자체가 없어. 한쪽에서 버려지더라도 다른 쪽에선 새로운 쓸모가 생겨나. 이와 비슷하게 예전의 물질 흐름 시스템은 물질이 버려지지 않고 돌고 도는 순환과 재생의 과정으로 이루어졌어. 쓰레기의 양 자체가 지구에 부담을 줄 만큼 많지 않았고, 대체로 대지에 순응하는 성분으로 이루어져 있었던 덕분이지.

그러나 산업화 이후, 물질이 한 방향으로만 흐르는 시스템이 아주 빠르게 굳어졌어. 물건의 대량 생산–대량 소비–대량 폐기로 이어지는 직선 경로가 바로 그거야. 자연과 생명을 파괴하는 유독 물질을 대량으로 배출하면서 말이야. 지금 우리를 괴롭히는 쓰레기는 산업화와 함께 급속히 진행된 사회 경제적 변화와 기술 발전 등이 낳은 '발명품'이라고 해도 과언이 아니야.

물질의 풍요를 노래 부르는 현대 소비 사회는 직선의 물질 흐름에 따라 쏟아져 나오는 엄청난 양의 유독한 쓰레기 위에 건설되었다고 해도 지나치지 않아. '소비의 제국'은 '쓰레기 제국'의 다른 이름이기도 해.

이 제국에서 사람들은 공장에서 쏟아져 나온 물건을 사서 쓰다가 그냥 버릴 뿐이야. 버릴 것들을 모아서 집 밖의 정해진 장소에 내놓으면 말끔히 치워져. 정해진 방식과 절차에 따라 별도의 장소로 옮겨져 처리되지.

이제 쓰레기는 눈에 띄지도 않고 냄새도 풍기지 않아. 이러다 보니 사람들은 쓰레기 문제의 심각성을 잘 느끼지 못할 때가 많지. 하지만 쓰레기가 내 눈앞에서 치워졌다고 해서 완벽하게 사라지는 건 아니야. 모양, 크기, 성질 등은 변할지라도 이 지구상 어딘가에는 존재하기 마련이니까.

쓰레기는 자연을 망가뜨리는 데서 끝나는 게 아니라 사람도 망가뜨려. 우리가 먹는 음식과 들이마시는 공기 등이 모두 쓰레기로 오염된 자연에서 오기 때문이야.

심지어 온실가스는 지구를 뜨겁게 달구면서 이 지구와 우리를 기후 위기의 재앙으로 몰아넣고 있어. 온실가스도 쓰레기야. 인간이 석유, 석탄, 천연가스 같은 화석 연료를 에너지로 사용할 때 배출되는 기체 형태의 쓰레기가 곧 온실가스지.

인간과 자연의 연결 고리. 인간과 자연의 관계가 얼마나 건강한지를 보여 주는 잣대. 이게 곧 쓰레기야.

쓰레기에 얽힌 불평등

우리 시대가 해결해야 할 또 다른 중대한 숙제는 불평등이야. 불평등과 쓰레기는 어떤 관계를 맺고 있을까?

먼저, 부유한 사람들이 가난한 사람들보다 쓰레기를 더 많이 배출하리라는 건 쉽게 짐작할 수 있겠지? 실제로 세계은행의

2018년 보고서에 따르면 부유한 선진국 사람들이 하루에 배출하는 쓰레기는 4.54킬로그램인 데 반해 가난한 개발 도상국 사람들의 배출량은 0.11킬로그램밖에 안 돼. 40배가 넘는 차이가 나는 거지.

그러다 보니 세계 인구의 16퍼센트에 불과한 선진국 사람들이 전 세계 생활 폐기물의 34퍼센트를 배출하고 있어. 쓰레기 문제와 이로 말미암은 생태 위기를 일으키는 주범이 누구인지를 명확하게 보여 주고 있지.

이런 불평등은 쓰레기를 처리하는 데서도 고스란히 되풀이되고 있어. 방금 언급한 세계은행 보고서에 따르면 가난한 나라들에서 발생하는 고형 폐기물(고체 상태의 폐기물)의 최소 3분의 1은 아무렇게나 버려져 방치되거나 적절치 못한 방식으로 소각되고 있어. 그러니 환경 오염이 더 심각해지고 사람 건강 또한 더 크게 망가질 수밖에 없는 거야.

이런 문제를 해결하려면 돈이 많이 드는데 가난한 나라들은 돈이 없어. 쓰레기 문제와 빈곤 문제가 맞물려 돌아가는 악순환이 계속될 수밖에 없다는 얘기지.

쓰레기 불평등을 날것으로 보여 주는 또 하나의 현장은 세계 곳곳에 있는 '쓰레기 마을'이야. 쓰레기 마을이 뭐냐고? 쓰레기를 주워서 팔아 먹고사는 사람들이 모여 사는 마을을 말해. 산처럼 쌓인 쓰레기 더미 속에서 쓰레기와 함께 살아가는 사람들이 모인 곳이지. 규모도 작지 않아서 주민 수가 적게는 수만 명에서 때로는 수십만 명에 이르기도 해.

예를 들면 필리핀 수도 마닐라 외곽 바닷가에 바세코라는 마을이 있어. 이곳은 30~40년 전만 해도 아름다운 해변 마을이었어. 하지만 마닐라가 본격적으로 도시 개발을 추진하는 과정에서 쫓겨난 도시 빈민들이 여기로 모여들었어. 그 결과 인구 10만 명의 거대한 판자촌이 형성되었지. 이 마을은 바다에서 흘러온 쓰레기가 모래사장을 뒤덮고, 도시에서 쏟아져 나온 쓰레기가 모여 쓰레기 산을 이루고 있어.

여기 아이들의 놀이터는 쓰레기 더미이고 장난감은 거기서 찾아낸 플라스틱 물건들이야. 쓰레기가 둥둥 떠다니는 더러운 바다에서 헤엄치고 놀기도 해. 상하수도 시설과 화장실 등이 부족해서 마을 곳곳에 썩은 물이 고여 있고 악취가 진동해. 그 바람

에 주민 대다수가 피부병이나 두드러기 같은 질병에 시달리고 있지. 하지만 온종일 위험하고 더러운 환경에서 쓰레기를 주우며 고달프게 일해도 하루 수입은 우리 돈으로 고작 2천 원 정도에 지나지 않는대.

지구상에는 이런 곳이 한두 군데가 아니야. 아시아, 아프리카, 라틴 아메리카의 대도시 주변 곳곳에 이런 마을이 있지.

깨끗하고 쾌적한 도시에 살면서 쓰레기를 마구 버리는 사람들은 이런 마을이 눈에 잘 들어오지 않을 거야. 하지만 이들이 버린 쓰레기의 길 끝에선 이렇듯 수많은 이가 비참한 삶을 이어 가고 있어.

쓰레기 제국주의의 그늘

'제국주의'란 어떤 나라가 우월한 군사력과 경제력 등을 앞세워 자기보다 약한 나라를 침략해 지배하는 것을 말해. 예전에 서구 강대국들이 아메리카, 아프리카, 아시아 등지를 무력으로 침략

해 식민지로 만들고 가혹한 착취와 수탈을 일삼았던 것이 대표적인 보기지.

쓰레기 제국주의는 제국주의의 쓰레기 버전이라 할 수 있어. 선진 산업국들은 쓰레기 처리와 관련해 갈수록 심해지는 환경오염, 이에 따른 환경 운동 단체들과 시민의 저항, 늘어나는 쓰레기 처리 비용, 까다로운 환경 규제 등 여러 문제에 시달려. 이를 해결하는 방법 가운데 하나가 쓰레기를 개발 도상국으로 이전 혹은 수출하는 거야. 가난한 개발 도상국은 쓰레기 처리 비용이나 노동자 임금 등이 적게 들고, 환경이나 노동 관련 규제도 느슨한 편이거든.

그러니까 선진국들이 자기 나라에서 발생한 쓰레기를 값싸고 손쉽게 처리하려고 가난한 나라들로 떠넘기는 게 쓰레기 제국주의의 핵심인 셈이지.

쓰레기 제국주의가 일으키는 문제를 생생하게 보여 주는 건 전자 쓰레기와 플라스틱 쓰레기야. 여기선 디지털 정보화 시대를 맞아 가장 빠르게 늘어나는 쓰레기인 전자 쓰레기에 초점을 맞춰 보자.

전자 쓰레기란 버려진 온갖 전기 전자 제품과 기기, 이것들에 딸린 부품 등을 말해. 유엔 훈련 연구 기구(UNITAR)의 2022년도 보고서에 따르면 2019년에 발생한 전 세계 전자 쓰레기는 5,360만 톤에 달해. 근데 이 가운데 재활용되는 건 약 17퍼센트에 불과하고 나머지는 매립이나 소각 등으로 그냥 버려지고 있어. 현대인의 필수품인 핸드폰만 따로 보면, 2022년 한 해에만 세계적으로 160억 대의 핸드폰이 사용됐는데 이 가운데 무려 53억 대가 버려졌다고 해.

전자 쓰레기는 수출 등의 핑계 아래 국제적으로 거래되는 양이 많기로도 악명이 높아. 세계 전체 전자 쓰레기 가운데 약 80퍼센트가 선진 산업국들에서 파키스탄, 방글라데시, 베트남, 필리핀, 가나 등 아시아와 아프리카의 여러 개발 도상국으로 수출되고 있거든. 우리나라도 전자 쓰레기 대량 수출국 가운데 하나야.

개발 도상국들은 수입한 전자 쓰레기에서 최대한 많은 경제적 이득을 얻으려고 해. 그러려면 여기에 들어 있는 돈 되는 금속 자원들, 이를테면 금, 은, 구리, 주석, 철, 알루미늄, 니켈 등을 최대한 많이 뽑아내야 해.

문제는 전자 쓰레기에서 금속 자원을 뽑아내는 작업 방식이 대단히 위험하다는 점이야.

개발 도상국의 노동자들은 보통 망치 같은 단순한 도구 하나만 가지고 전자 제품을 부수고 부품을 분해해. 장갑, 마스크, 안경 등 최소한의 보호 장비도 없이 쓰레기 더미 속으로 직접 맨손을 넣어 일하기 일쑤지. 그러니 전자 제품에 들어 있는 해로운 물질들에 고스란히 노출될 수밖에 없어. 전자 쓰레기 안에는 독성 물질이 많이 들어 있거든. 납, 수은, 카드뮴 같은 중금속 물질이 대표적이지. 전선이나 전자 제품을 태울 때 대량으로 발생하는 유독한 연기와 재, 다이옥신 같은 독성 화학 물질의 공격도 그대로 당해야 해. 이것들은 사람 건강을 해치는 건 물론이고 땅, 공기, 강, 지하수 등도 크게 오염시켜.

이런 점에서 오늘날 전자 쓰레기는 가장 빠르게 늘어나는 쓰레기일 뿐만 아니라 가장 위험해지고 있는 쓰레기이기도 해.

그렇다면 이처럼 '나쁜 쓰레기'가 나라 사이를 오가는 것을 막는 국제 협약 같은 게 있어야 하지 않을까?

맞아. 유해 폐기물의 국가 간 이동을 금지하는 바젤 협약이라는 국제 협약이 있긴 해. 1992년부터 발효됐고, 우리나라를 포함해 약 190개 나라가 가입했지. 2021년 1월부터는 규제 대상을 더 늘린 협약 개정안이 발효되기도 했어. 이에 따라 선별 과정을 거치지 않은 플라스틱 쓰레기도 국제적 이동을 금지하는 유해 쓰레기에 포함됐어.

한데 협약의 실질적 효력은 부족하다는 지적이 많아. 특히 전자 쓰레기가 그래. 서류 조작 등의 교묘한 수법을 써서 재활용 중고품이나 구호품 등으로 둔갑시켜 수출하는 경우가 많거든.

쓰레기 제국주의는 지구촌의 가난한 지역들에 쓰레기만 보내는 게 아니야. 환경 오염과 건강 파괴, 노동력 착취와 인권 침해, 불평등과 비참함 등을 함께 실어 나르고 있어.

3장

제로
웨이스트가
뭐예요?

우리나라의 쓰레기 현실

우리나라에서 쓰레기는 얼마나 잘 처리되고 있을까? 우리나라는 대체로 쓰레기 재활용률도 높은 편이고 쓰레기 관리도 잘하는 축에 들어. 하지만 '재활용률 몇 퍼센트' 같은 통계 숫자나 겉으로 드러나는 그럴싸한 모습을 걷어 내고 보면 문제가 많아.

무엇보다 우리나라는 국토가 좁은 데다 산지가 전체 면적의 70퍼센트가 넘어. 이런 조건에서 인구와 산업 시설 등이 수도권 등 특정 지역에 밀집돼 있지. 그래서 단위 면적당, 즉 면적 대비 쓰레기 발생량을 따지면 세계 최고 수준이야. 쓰레기를 세계에서 가장 많이 쏟아 내는 미국보다도 일곱 배나 많다고 해. 그 결과 전국 곳곳의 쓰레기 매립장과 소각장의 쓰레기 처리 능력이 점차 한계에 부닥치고 있어.

예를 들어 서울, 인천, 경기도로 이루어진 수도권에서 발생하는 쓰레기는 인천시 서구에 있는 수도권 매립지에서 처리해. 근데 지금 추세가 계속될 경우 2027년이면 여기가 꽉 찰 거래. 전국적으로도 마찬가지야. 최근 환경부 예측에 따르면 우리나라 전체 공공 매립 시설 210여 군데 가운데 약 절반이 2031년이면 포화 상태에 이를 거야.

그러자 결국 정부는 2026년부터 수도권에서는 종량제 쓰레기 봉투에 담긴 생활 폐기물을 그냥 매립할 수 없도록 하는 직매립 금지 정책을 내놨어. 2030년부터는 이 정책을 전국으로 확대할 예정이야.

이에 따라 앞으로는 종량제 봉투에 담긴 쓰레기 중에서 재활용할 것들을 골라내고 나서 남은 것들이나 소각한 뒤 남은 재만 매립할 수 있어. 쓰레기를 태우고 나서 남는 재는 본래 쓰레기의 5퍼센트 정도로 줄어들기 때문에 쓰레기 처리 공간을 크게 절약할 수 있지.

한데 이런 정책을 제대로 추진하려면 쓰레기 소각 시설을 많이 만들어야 하잖아? 이게 또 문제야. 매립장과 마찬가지로 소각장도 아무 데나 지을 수 없거든.

특히 쓰레기 처리 시설이 자기 사는 곳에 들어서는 걸 좋아하는 사람은 아무도 없으니 문제를 해결하기가 더욱 어려워. 실제로 전국 곳곳에서 소각장 입지를 둘러싸고 갈등과 분쟁이 끊이

지 않아. 그 결과 주민과 주민 사이, 지역과 지역 사이, 주민과 정부 사이 등에 불신과 대립의 골이 깊어지고 있어.

'플라스틱 지옥'에서

수많은 쓰레기 가운데 쓰레기 문제가 얼마나 심각하며 이것이 어떤 의미를 지니는지를 잘 보여 주는 것 중 우리 생활과 밀접한 관계를 맺고 있는 '대표 선수' 세 가지는 플라스틱, 옷, 음식물 쓰레기야.

석유로 만드는 화학 제품인 플라스틱의 가장 큰 문제는 썩어서 분해되려면 대단히 긴 세월이 걸린다는 점이야. 종류에 따라 수십 년에서 수백 년이 걸리지. 게다가 소각하면 다이옥신을 비롯해 여러 가지 유해 물질이 배출돼. 열을 가하면 다양한 질병을 일으키는 환경 호르몬이 나오고. 생산 과정에서 배출되는 이산화 탄소의 양도 만만치 않아. 한마디로 환경 오염의 '압축판'인 셈이지.

근데 유엔 환경 계획(UNEP) 등 국제 기구들의 조사 결과에 따르면 인류가 지금껏 사용한 플라스틱 가운데 재활용된 것은 9퍼센트에 지나지 않아. 50퍼센트는 매립, 19퍼센트는 소각됐고, 나머지 22퍼센트는 방치되거나 땅과 바다에 그냥 버려졌어.

요즘 특히 큰 문제로 떠오른 건 미세 플라스틱이야. 미세 플라스틱이란 지름이 5밀리미터보다 작은 플라스틱 조각이나 입자를 말해. 대부분은 플라스틱 제품이 자연적으로 부서지거나 닳으면서 발생하지.

미세 플라스틱은 플라스틱이 아닌 것 같은 물건에서도 많이 나오는 탓에 더 골치가 아파. 물티슈, 담배꽁초, 종이 티백 등에도 플라스틱이 잔뜩 들어 있다는 건 모르는 사람이 많아. 정확히 말하면 이것들도 미세 플라스틱 덩어리야. 그래서 이런 것들을 함부로 버리는 건 플라스틱 쓰레기를 아무 데나 버리는 것과 마찬가지야.

최근엔 너무 작아서 눈에 보이지도 않는 초미세 플라스틱(나노 플라스틱이라 부르기도 해.)이 사회 문제로 떠오르고 있어. 조개류나 지렁이 같은 생물, 수돗물과 생수 같은 먹는 물, 사람 혈액과

뇌, 심지어는 태아에게서도 잇따라 검출됐거든. 태아의 경우는 산모를 통해 전달되었다고 해.

기술 발달에 힘입어 최근 '바이오 플라스틱'이나 '생분해성 플라스틱' 등으로 불리는 친환경 플라스틱이 등장하고는 있어. 바이오 플라스틱은 식물로 만들어. 생분해성 플라스틱은 미생물의 작용으로 분해가 빨리 이루어지는 플라스틱을 말해.

하지만 이런 플라스틱들은 인공적으로 준비한 환경이 아닌 실제 자연 상태에서는 분해가 잘 이루어지지 않는다는 커다란 결함이 있어. 옥수수나 사탕수수 등을 바이오 플라스틱 생산에 대량으로 사용하면 식량 부족 문제를 일으킬 수도 있지. 게다가 기술이 완전치 않아서 플라스틱의 품질이 낮은 편이야.

그래서 이런 플라스틱들은 '친환경'을 내세우고는 있지만 아직은 한계를 안고 있어.

그럼 우리는 플라스틱을 얼마나 쓰고 버리고 있을까? 현재 우리나라는 전 세계 플라스틱의 4.1퍼센트를 생산하고 있어. 세계 4위의 플라스틱 수출 대국이기도 해. 우리나라 사람 한 명이 1년에 배출하는 플라스틱 쓰레기는 평균 88킬로그램으로, 미국과

환경 호르몬
다이옥신 등 유해 물질
크아아아~
이산화 탄소
쿠르르릉~
플라스틱 괴물이다!
도망쳐!
나노 플라스틱을 가득 담은 와인입니다.
미세 플라스틱을 토핑한 생선 요리입니다.
너희도 당해 봐라!

영국에 이은 세계 3위야. 생활 쓰레기 중에서 플라스틱이 차지하는 비중이 부피로는 절반 이상이고 무게로 따져도 약 20퍼센트나 돼.

온라인 쇼핑이나 음식 주문 배달 등이 증가하면서 플라스틱 쓰레기는 갈수록 빠르게 늘어나고 있어. 하지만 안타깝게도 이 많은 플라스틱 쓰레기 가운데 재활용되는 건 20퍼센트 남짓밖에 되지 않아.

편리하고 효율적이어서 마구 소비할 땐 '플라스틱 천국'이었지만 이젠 부메랑처럼 '플라스틱 지옥'으로 되돌아오고 있어.

옷, 또 다른 '환경 악당'

요즘은 '패스트 패션'이 유행이야. 패스트푸드에 빗댄 말인 패스트 패션은 최신 유행이나 소비자 취향을 곧바로 반영해 옷을 빨리빨리 만들어 유통하는 것을 가리키는 말이야. 그 바람에 다들 옷을 너무 쉽게 사고 너무 쉽게 버려. 한 해에 전 세계에서 1

천억 벌의 옷이 생산되는데, 이 가운데 3분의 1이 버려질 정도야. 지난 20년 동안 전 세계 의류 소비량은 두 배로 늘어난 반면 옷 한 벌의 평균 수명은 절반으로 줄어들었어.

의류 제조 회사와 유통업체들은 팔고 남은 옷을 그대로 소각할 때가 많아. 신제품이 나오면 대개 2년 정도 유통되는데, 이 기간이 지나면 어차피 팔지 못할 거라 여겨 그냥 불태워 버리는 거야. 세계적으로 1초마다 쓰레기 트럭 한 대 분량인 2.6톤의 옷이 소각되거나 매립된다는 연구 결과가 있을 정도야. 기가 막히는 낭비가 아닐 수 없지.

알고 있니? 우리나라는 세계 5위의 헌 옷 수출국이야. 주로 동남아나 중앙아시아 등지로 수출해. 하지만 이 가운데 40퍼센트는 쓰레기로 버려지고 있어. 결과적으로 옷 쓰레기를 다른 나라에 내다 버리고 있는 셈이지.

더 큰 문제는, 옷은 쓰레기가 많이 나오는 것도 문제지만 만드는 과정도 환경에 매우 안 좋다는 거야.

옷감은 면, 마, 동물의 털 등으로 만드는 천연 섬유와 석유나 석탄 같은 화석 연료를 화학적으로 합성해서 만드는 합성 섬유로 나뉘어.

그중 합성 섬유가 일으키는 환경 문제가 정말 심각해. 천연 섬유로 옷을 만들 때보다 더 많은 에너지를 사용하고 온실가스도 훨씬 더 많이 배출하거든. 게다가 합성 섬유 옷들은 세탁하거나 버릴 때 미세 플라스틱을 비롯한 오염 물질도 많이 나와. 세계 자연 보전 연맹(IUCN)의 추정에 따르면 세계 전체 미세 플라스틱의 3분의 1 이상이 합성 섬유로 만든 옷을 세탁할 때 발생해. 재질 특성상 재활용이 어려워서 쓰레기로 나오면 대부분 매립하거나 소각해야 한다는 점도 문제야.

이런 합성 섬유나 합성 섬유가 섞인 것이 섬유 전체 생산량의 약 70퍼센트나 돼.

천연 섬유도 만만찮아. 세계 경제 포럼(WEF) 등의 계산에 따르면 면 청바지 한 벌 만드는 데 약 7,500리터의 물이 필요해. 이는 한 사람이 13년이나 마실 수 있는 양이야.

그래서 의류 산업은 기후 위기의 주범인 석유 산업에 이어 두 번째로 환경 오염을 많이 일으키는 '환경 악당'으로 꼽히고 있어. 세계은행의 2019년 보고서는 세계 전체 이산화 탄소 배출량의

약 10퍼센트가 의류 산업에서 나온다고 지적하고 있어. 산업용 물의 20퍼센트가 의류 생산에 쓰이며, 의류를 만드는 과정에서 나오는 폐수가 전 세계 산업용 폐수의 20퍼센트에 이른다는 조사 결과도 있고.

의류 산업의 그늘에서 사람이 겪는 고통과 피해도 만만치 않아. 세계 패스트 패션 산업을 지탱하는 기둥은 위험한 노동 환경 속에서 가혹한 착취에 시달리는 개발 도상국 노동자들이야. 이들 중 대다수는 세계 의류 산업의 생산 기지인 중국, 방글라데시, 인도, 베트남, 인도네시아 등에서 일하고 있어.

새 옷을 사고 싶고 멋진 옷을 입고 싶은 건 자연스러운 욕망이야. 그렇지만 옷이 이처럼 자연과 인간에게 큰 피해를 일으키는 현실은 바꿔야 하지 않을까?

굶주림 위에 버려지는 음식물 쓰레기

유엔 환경 계획(UNEP)의 2024년 보고서에 따르면 2022년 한 해에 세계에서 버려진 음식물은 10억 5천만 톤으로, 세계 전체 음식물 생산량의 5분의 1에 이르렀어. 이것을 비용으로 따지면 1조 달러라고 해. 우리 돈으로는 약 1,400조 원, 즉 우리나라 1년 총예산의 두 배가 훌쩍 넘는 금액이야.

유엔 식량 농업 기구(FAO)가 내놓은 조사 결과는 더 충격적이야. 해마다 전 세계에서 생산되는 먹거리 중 3분의 1이 생산, 유통, 소비 과정에서 버려지고 있다고 밝혔거든.

세계 전체 인구 80억 명 가운데 약 8억 명이 굶주리고 있어. 그리고 30억 명 이상이 건강한 음식을 접하기 어려워. 여러 국제 기구와 전문가들은 버려지는 음식만 잘 활용해도 굶주리는 세계 사람들에게 충분한 식량을 제공하고도 한참이나 남는다고 한목소리로 강조하고 있어. 세계에 굶주림이 만연하는 이유는 먹거리 자체가 부족해서가 아니야. 문제의 핵심은 낭비가 너무 심하고 먹거리 분배가 정의롭게 이루어지지 않는다는 점이야.

그럼 음식물 쓰레기는 구체적으로 어디서 얼마나 나올까?

환경부 자료를 보면 우리나라의 경우 일반 가정과 소형 음식점에서 가장 많이 나와. 무려 70퍼센트를 차지해. 그다음으로는 대형 음식점 16퍼센트야. 종류별로 보면 조리할 때와 유통 과정에서 발생하는 것이 57퍼센트, 먹고 나서 남긴 것이 30퍼센트야. 무게 기준으로 우리나라 전체 생활 쓰레기 중에서 음식물 쓰레기가 차지하는 비중은 30퍼센트인데, 다른 나라들에 비해 상당히 많은 축에 속하지.

재활용을 잘하면 되지 않느냐고? 맞아. 하지만 이론과 현실이 다르다는 게 문제야.

음식물 쓰레기는 보통 동물 사료, 퇴비, 바이오가스(음식물 쓰레기 등의 유기성 폐기물이 미생물에 의해 분해되며 발생하는 가스 에너지) 등을 만드는 데 재활용해. 우리나라의 음식물 쓰레기 재활용률은 공식 통계 수치로만 보면 95퍼센트가 넘지만 실질적 재활용률은 20~40퍼센트 정도에 지나지 않아. 재활용 시설에 들어가는 음식물 쓰레기의 양을 기준으로 통계를 내고 있기 때문에 이런 차이가 발생하는데, 우리나라 음식물은 수분이 많아서 상당한 양이 폐수로 처리되거든.

기후 과학자들은 먹거리를 생산하는 농업, 축산업, 수산업 분야에서 배출하는 온실가스가 세계 전체 온실가스 배출량의 21~37퍼센트에 이를 거라는 연구 결과를 내놓고 있어. 특히 음식물 쓰레기에서는 온실가스의 하나인 메탄이 나와. 메탄은 지구 온난화를 일으키는 효과가 온실가스의 대표 격인 이산화 탄소보다 수십 배는 더 커서 각별한 주의를 기울여야 해.

반가운 소식도 있어. 2023년부터 우리나라 식품의 '유통 기한 표시제'가 '소비 기한 표시제'로 바뀌었거든. 유통 기한이란 식품을 만든 날로부터 유통과 판매가 허용되는 기간을 말해. 소비 기한이란 표시된 보관 조건을 지켰을 때 식품을 안전하게 먹을 수 있는 기간을 뜻하고. 보통 소비 기한이 유통 기한보다 20~50퍼센트 정도 더 길지.

음식을 더 오래 두고 먹을 수 있으니 음식물 쓰레기가 줄어드는 건 당연하겠지? 소비자와 식품 기업들의 지출도 줄일 수 있고. 먹을 수 있는 식품을 단지 유통 기한이 지났다는 이유로 폐기하는 탓에 발생하는 피해 비용이 1년에 1조 원이 넘는데, 소비 기한 표시제 시행으로 이런 엄청난 낭비도 없앨 수 있게 됐어.

내가 먹는 음식은 자연의 산물이야. 농부를 비롯해 많은 사람이 수고한 결과이기도 해. 음식을 아무렇게나 쓰레기로 버리는 건 그만큼 지구와 사람을 함부로 대하는 것과 마찬가지야.

엄청난 양의 멀쩡한 음식이 헛되이 쓰레기로 버려지는 풍요와 낭비의 뒷골목에서 수많은 사람이 굶주리고 있다는 사실을 잊지 말았으면 해. 게다가 우리나라는 식량 자급률이 50퍼센트도 채 되지 않는 세계 7위의 곡물 수입국이야. 음식물 쓰레기 문제는 식량 안보와 먹거리 주권 차원에서도 꼭 짚어 볼 점이야.

제로 웨이스트, 골칫덩이를 복덩이로

이제 이런 현실을 내버려 둬선 안 되겠다는 생각이 들지 않니? 그래서 등장한 것이 제로 웨이스트 운동이야. '제로 웨이스트(Zero Waste)'란 말 그대로 쓰레기를 제로로 만드는 것, 다시 말하면 쓰레기를 만들어 내지 않는 걸 뜻해.

근데 사람이 쓰레기를 전혀 만들어 내지 않고서 살 순 없잖아? 그러므로 제로 웨이스트의 현실적 의미는 쓰레기 발생을 최소한 으로 줄이려고 노력하는 것이라고 할 수 있어. 쓰레기 문제 해결 의 비유적 표현이자 이상적 목표인 셈이지.

지구는 끝없이 훼손되고 자원은 갈수록 줄어드는데 넘쳐 나는 쓰레기로 몸살을 앓는 게 지금 현실이야. 쓰레기는 자연과 인간 모두를 심각하게 망가뜨리는 낭비와 환경 파괴의 주범이야. 서 둘러 쓰레기를 줄이지 않으면 환경 차원뿐만 아니라 사회적 · 경

큰일이야!

살려줘~

제적으로도 막대한 타격을 받을 수밖에 없어.

특히 지금은 세계적으로 생태 위기, 자원 위기, 에너지 위기 등이 동시다발로 몰려오고 있어. 제로 웨이스트는 단지 쓰레기를 줄이는 데서 끝나는 게 아니라 이런 문제들을 통합적으로 해결할 방도의 하나라고 할 수 있어. 오늘날 제로 웨이스트는 '선택'이 아니라 '필수'야.

이를 위해 가장 중요하고 또 일차적으로 해야 할 일은 당연히 쓰레기 발생 자체를 줄이는 거야. 이 못지않게 중요한 건 쓰레기

에 대한 관점의 전환이야. 쓰레기를 가치 없다고 여기는 게 아니라 쓰레기의 의미와 쓸모를 새롭게 인식하고 재창조해야 한다는 거지. 쓰레기는 새로운 자원이라는 것, 핵심은 이거야.

쓰레기가 헛되이 버려지면 자연과 인간에게 해로움만 끼치는 골칫덩이로 전락해. 하지만 소중한 자원으로 재탄생하면 자연과 인간 모두를 풍요롭게 해 주는 복덩이로 거듭나. 이렇게 해서 초록별 지구를 살리고 낭비와 환경 파괴가 없는 지속 가능한 세상을 만들자는 게 제로 웨이스트의 꿈이야.

4장

제로
웨이스트
실천법

쓰레기의 종류와 처리 방법

제로 웨이스트 실천법을 본격적으로 살펴보기 전에 배경 지식으로 알아 두면 좋은 게 있어. 그 많고 다양한 쓰레기를 어떻게 분류하는지, 그리고 그렇게 분류된 각각의 쓰레기를 어떻게 처리하는지가 그거야. 이는 쓰레기에 관한 기본 지식을 쌓는 차원에서도 필요해.

쓰레기 분류 방법은 상당히 복잡해. 크게는 발생원과 성질 등에 따라 사업장 폐기물과 생활 폐기물, 두 가지 범주로 구분해.

사업장 폐기물은 간단히 말하면 산업 폐기물이라고 할 수 있어. 공장 같은 사업장에서 나온 '사업장 일반 폐기물', 건설 공사에서 나오는 '건설 폐기물' 등이 여기에 포함되지.

이것들보다 여기서 상세히 살펴볼 것은 생활 폐기물, 곧 생활 쓰레기야. 우리가 일상에서 늘 배출하고 또 접하는 쓰레기가 이것이니까 말이야.

생활 쓰레기는 대개 일반 쓰레기, 음식물 쓰레기, 대형 쓰레기, 유해 쓰레기, 재활용 쓰레기 이렇게 다섯 가지로 나뉘어.

쓰레기를 알아야
분류법이 보인다!

생활 폐기물 분류와
맞는 설명을 연결해 보자.

일반
쓰레기

종량제 봉투
시행 덕분에
쓰레기 양이 많이
줄었지!

음식물
쓰레기

가구는 버릴때
신고 후 수수료를 납부

대형
쓰레기

일반 쓰레기와는
별도로 배출

유해
쓰레기

품목과 재질에 따라
구분해서 배출

재활용
쓰레기

주택형태나 지역에 따라
배출방식이 다르다.

일반 쓰레기는 종량제 쓰레기봉투에 넣어서 버리는 쓰레기야. 쓰레기 매립장으로 가져가서 땅에 묻거나 소각장으로 가져가서 태우지.

여기서 알아 둘 건 '쓰레기 종량제'야. 이것은 자기가 버린 쓰레기의 양만큼 비용을 부담하도록 하는 제도야. 그래서 종량제 봉투는 크기나 용도에 따라 가격이 달라. 1995년부터 전국적으로 시행했는데, 바탕에 깔린 논리는 환경 분야에서 중요하게 여기는 '오염자 부담 원칙'이라는 거야. 오염 물질을 배출한 원인 제공자가 오염을 막거나 오염으로 인한 피해를 해결하는 데 드는 비용을 부담해야 한다는 거지. 쓰레기 배출량을 줄이고 재활용품 분리배출을 활성화하는 데 도움이 되는 제도라고 할 수 있어.

음식물 쓰레기는 주택 형태나 지역에 따라 배출 방식이 달라. 음식물 쓰레기 전용 종량제 봉투에 담아서 내놓기도 하고, 별도의 음식물 쓰레기 수거 기계를 설치해서 운영하는 아파트 단지들도 있어. 이렇게 나온 음식물 쓰레기는 앞에서 말했듯이 대개 동물 사료, 퇴비, 바이오가스 이 세 가지 용도로 재활용돼.

대형 쓰레기란 종량제 봉투에 담을 수 없는 침대나 소파 같은 가구, 가전제품, 자전거 등을 말해. 품목에 따라 각기 다르게 매겨진 수수료를 부담하고 쓰레기를 내놓으면 내가 사는 곳의 지방 자치 단체에서 수거해 가. 이 중에서 냉장고나 세탁기 등 가전제품은 E-순환거버넌스의 폐가전제품 무상 방문 수거 서비스(www.15990903.or.kr)를 신청하면, 직접 우리 집을 방문해서 폐가전제품을 수거해 가. 만약 새 제품을 사면, 판매업체에서 그냥 가져가고 말이야.

유해 쓰레기는 중금속 같은 유해 물질이 들어 있어서 특별 관리를 해야 하는 쓰레기를 말해. 수은이 든 형광등과 건전지, 쓰고 남은 농약이나 의약품 같은 것들이지. 유해 쓰레기는 일반 쓰레기와는 별도로 수집해서 안전하게 처리해야 해.

새로운 자원으로 다시 탄생한다는 점에서 생활 쓰레기 가운데 가장 소중한 플라스틱, 종이, 비닐, 캔, 유리병 같은 재활용품은 어떻게 될까? 재활용 쓰레기는 매립이나 소각 대상이 아니기 때문에 가는 길 자체가 달라. 수집된 재활용품이 처음 가는 곳은 선별장이야. 이곳에서 품목과 재질에 따라 선별 및 분리 작업을 거친 뒤 각각의 용도에 맞게 다른 곳으로 옮겨져서 재활용돼.

'5R'과 '비헹분섞'이 뭐지?

제로 웨이스트 실천법에서 가장 먼저 등장하는 것은 3R과 5R 이라는 말이야. 이게 뭘까?

3R이란 줄이기(Reduce), 재사용(Reuse), 재활용(Recycle)을 뜻해. 각각의 영어 단어가 R로 시작하기에 보통 '3R'이라고 줄여서 불러. 제로 웨이스트를 위한 가장 핵심적인 실천 사항이라고 할 수 있지.

'줄이기'는 말 그대로 쓰레기의 양 자체를 줄이자는 거야. 일회용품 사용을 줄이는 것 등이 대표적이겠지?

앞에서 재활용이란 말은 여러 번 나왔는데 이것과 비슷하면서도 다른 것이 재사용이야. 쓰레기 이야기에서 이 둘의 구분은 중요하니까 조금 더 자세히 알아보자.

'재사용'은 이미 사용한 물건을 본래 형태 그대로 다시 사용하는 걸 말해. 즉, 같은 용도로 반복해서 사용하는 거지. '재활용'은 용도를 바꾸거나 손질을 가해 다른 형태로 다시 사용하는 걸 말해. 유리병을 예로 들어 볼게. 사용한 유리병을 깨끗이 씻어서 다시 유리병으로 사용하는 건 재사용이야. 이에 견주어 사용한 유리병을 녹이거나 잘게 부순 뒤 다른 물건을 만드는 데 원료로 사용하면 이건 재활용이야.

재활용과 달리 재사용은 에너지와 자원을 추가로 사용하지 않고 어떤 쓰레기나 오염 물질도 내놓지 않으므로 친환경 행동의 '절대 지존'이라고 할 수 있어.

재활용은 다시 '다운사이클'과 '업사이클'의 두 가지로 나누곤 해. 뭔가를 재활용해서 만든 재생 원료는 아무래도 본래의 순수한 원료보다 품질이나 성능이 떨어져. 이처럼 가치가 낮아지는 물질 재활용을 다운사이클이라고 해. 대부분의 재활용이 다운사이클이야. 업사이클은 이와는 반대로 물질의 가치를 높이는 재활용이야. 우리말로 '새활용'이라고도 부르는 이것은 어떤 물건에 새로운 디자인을 적용하는 등 손질을 가해서 더 가치가 높은 제품으로 재탄생시키는 걸 뜻해. 쓰고 난 현수막을 모아 에코백을 만들거나 버려진 플라스틱 조각들을 모아서 물품 보관 상자를 만드는 것 등을 보기로 들 수 있지.

요즘은 3R 대신에 5R이라는 말을 써. 3R에 '거절하기(Reject)'

와 '썩히기(Rot)'를 더한 것이 5R이야.

'거절하기'란 안 쓰는 물건, 필요하지 않은 물건을 거부하자는 거야. 예컨대 물건을 살 때 주는 비닐봉지, 행사장이나 거리 등에서 나눠 주는 불필요한 사은품과 광고 물품 등을 거절하자는 거지. 범위를 넓히면 애당초 쓰레기가 생겨나지 않도록 충동적 소비, 과시적 소비, 과잉 소비 등과 같은 불필요한 소비를 거절하자는 뜻이 담겨 있어. '썩히기'는 음식물 같은 썩는 쓰레기를 퇴비화하자는 거야. 분해되어 자연으로 돌아갈 수 있는 쓰레기는 최대한 퇴비화해서 지구에 대한 부담을 줄이자는 거지. 이처럼 5R은 제로 웨이스트 실천법의 기본 뼈대라고 할 수 있어.

그럼 재활용을 제대로 하려면 어떻게 해야 할까? 첫 출발점은 재활용 쓰레기의 분리배출을 제대로 하는 거야. 요점은 '비헹분섞'이야. 이게 뭐냐면 비우기, 헹구기, 분리하기, 섞지 않기의 첫 글자를 모은 말이야. 재활용 쓰레기를 내놓을 때 꼭 지켜야 할 실천 사항 네 가지가 바로 이거야.

'비우기'는 내용물을 비우는 걸 말해. 용기에 남아 있는 음식물이나 음료수 등을 비롯한 이물질을 깨끗이 제거해야 한다는 거지. '헹구기'는 용기나 포장재 등을 물로 말끔히 헹궈서 씻는 걸 뜻해. '분리하기'는 용기나 포장 상자 등에 붙어 있는 라벨, 테이프 등을 분리해서 없애는 걸 말해. '섞지 않기'는 다른 종류나 재질의 쓰레기와 섞이지 않도록 구분해서 배출하는 걸 가리켜.

이 네 가지가 중요한 이유는 이렇게 해야 재활용의 효율과 효과를 높일 수 있어서야. 서로 다른 재질이 뒤섞이거나 이물질이 많이 혼합될수록 재생 원료의 품질이 떨어지고 재활용 공정에서 세척 비용도 많이 들거든. 재활용 작업자들의 안전과 위생을 위해서이기도 해. 재활용 쓰레기를 수거하고 선별하는 작업 대부분은 사람들이 일일이 손으로 만지면서 하는 일이야. 우리가 '비헹분섞'을 실천하지 않으면 작업자들은 더럽고 악취가 진동하고

위험한 환경에서 힘들게 일할 수밖에 없어.

가정에서 분리배출한 재활용 쓰레기 가운데 적게는 30퍼센트, 많게는 70퍼센트나 재활용되지 않고 선별장에서 그냥 버려지는 게 현실이야. 책임 있는 소비자이자 멋진 '녹색 시민'으로 살아가려면 쓰레기 버리는 법도 배우고 익혀야 해. 물론 낙후한 선별 시스템, 변변찮은 시설, 뒤떨어진 기술 등도 재활용률이 낮은 중요한 이유야. 하지만 애초에 사람들이 재활용할 수 없는 쓰레기를 재활용 쓰레기와 뒤섞어 버리거나, 재활용 쓰레기라 하더라도 재질이나 특성이 서로 다른 것들을 혼합해서 버리거나, 내용물이나 이물질을 제거하지 않은 채 버리는 탓도 매우 커.

쓰레기, 제대로 버려야 제대로 살릴 수 있어.

재활용을 잘하려면 1

재활용을 잘하려면 먼저 재활용 쓰레기로 내놓아도 되는 물건이 뭔지부터 정확히 알아야겠지?

어떤 물건이든 아래와 같은 분리배출 표시가 있는 건 재활용 쓰레기로 내놓으면 돼. 이 표시는, 소비자가 이 물건을 재활용품으로 내놓으면 정부와 생산자가 책임지고 재활용하겠다는 사회적 약속의 증표라고 할 수 있어.

근데 재활용품의 종류는 워낙 다양해서 그 많은 것을 어떻게 버리는 게 옳은지 일일이 다 살펴볼 순 없어. 그러니 여기서는 일상생활에서 자주 접하는 품목 중심으로 알아보기로 하자.

먼저 살펴볼 것은 플라스틱이야. 플라스틱의 재질은 매우 다양한데, 재질이 다르면 녹는 온도를 비롯해 성질이 달라서 재질이 다른 것끼리 뒤섞이면 재활용하기가 힘들어. 그래서 가정에서 분리배출한 플라스틱류 제품들은 선별장에서 재질별로 선별한 뒤 각각 따로 재활용 작업을 거치게 돼. 우리나라의 실질적인 플라스틱 재활용률은 20퍼센트가 살짝 넘는 정도야. 재활용률을 높이려면, 한 번 더 강조하건대, 플라스틱 제품을 내놓을 때 오염 물질, 라벨, 접착제 등을 깨끗이 제거해야 해.

얼핏 플라스틱 재활용품으로 내놓아도 될 것 같지만 일반 쓰레기로 종량제 봉투에 담아서 버려야 할 것들이 있어. 칫솔, 빨대, 병뚜껑, 레고 조각, 볼펜 등 크기가 작은 것들이 그래. 이것들은 선별하기도 어려울 뿐만 아니라 애써서 모아도 양이 적어서 재활용 가치가 떨어지는 탓에 선별장에서 일반 쓰레기로 버려져. 참고로 우리나라의 페트병 재활용률은 약 80퍼센트로 꽤 높은 편이야. 페트병으로 만든 재생 원료는 다시 페트병을 만들거나 도시락통 같은 포장 용기를 만드는 데 사용하기도 하고, 녹여서 옷이나 솜을 만들기도 해.

비닐도 플라스틱의 일종이야. 우리나라에서 비닐 쓰레기는 대부분 고형 연료(고체 형태의 연료)를 만드는 데 재활용해. 이것은 주로 전기 생산용이나 난방용으로 쓰여. 다른 플라스틱 제품과 달리 비닐류는 부피가 작은 비닐 조각 같은 것들도 재활용할 수 있어. 고형 연료는 원료 물질을 태워서 열에너지를 얻는 방식으로 이용하는 것이기 때문에 크기와는 상관없거든. 음식물 찌꺼기가 남지 않을 정도로는 씻어서 내놓는 게 좋아. 분리배출 표시마크가 없어도 그냥 한눈에 봐서 비닐 재질이면 비닐류로 내놓아도 돼.

재활용품 중에서 종이를 빼놓을 수 없겠지? 종이는 많게는 열 번 넘게도 재활용을 계속할 수 있는 귀중한 자원이야. 종이 버리는 법은 단순해. 흔히 종이 박스라 부르는 누런 색의 골판지류만 따로 버리고, 나머지 종이류는 한데 모아서 버리면 되거든. 종이 박스만 따로 모으는 이유는 표백 처리된 흰 종이가 종이 박스에 섞여서 들어오면 재생 원료를 만들기 어려워서야.

종이의 한 종류처럼 보이지만 종이류로 배출해선 안 되는 것들도 있어. 영수증, 종이 테이프, 종이 포일, 기름종이, 음식물이 묻은 오염된 종이 등은 일반 쓰레기로 버려야 해. 종이 형태여도 다른 재질이 코팅돼 있거나 화학적 약품으로 처리된 것들은 재활용되지 않는다고 생각하면 돼.

주의할 건 우유나 두유 제품 등에 사용하는 종이팩과 일회용 종이컵이야. 이것들은 비닐 코팅 처리 등으로 이물질이 섞여 있어. 그래서 따로 분류해서 전용 수거함에 버리거나 일반 종이류와는 분리해서 배출하는 게 좋아. 문제는 전용 수거함이 드물다

는 점이야. 그래서 사람들이 이것들을 일반 종이류에 뒤섞어서 버릴 때가 많아. 다른 종이보다 재활용 가치가 높은 이것들의 재활용률이 현저히 낮은 이유가 여기에 있어. 전용 수거함 마련 등 시스템 확충과 정비가 필요해.

유리병은 보통 재사용하거나 재활용해. 재사용 대상은 소주병, 맥주병, 음료수병 등이야. 이들을 대상으로 한 '빈 용기 보증금 제도'란 게 있어. 제품 가격에 별도로 빈 병 값을 보증금으로 포함해 판매한 뒤 나중에 이 병을 반환하면 보증금을 돌려주는 제도야. 그러니까 빈 병을 가게에 도로 가져다 주면 그 병에 붙은 보증금을 돌려받는다는 얘기야. 이를테면 2024년 12월 현재 소주병은 100원, 맥주병은 130원의 보증금을 돌려받을 수 있어. 재활용을 위해 분리배출된 유리병은 선별장에서 흰색, 녹색, 갈색 등 색깔별로 선별해 가루로 잘게 부순 뒤 유리병 제조업체로 보내. 여기서 다시 다른 유리병으로 재탄생하는 과정을 거치게 되지. 선별장에 들어온 유리병 가운데 그대로 쓸 수 있는 건 깨끗이 씻어서 재사용할 때가 많고.

한편, 캔은 알루미늄으로 만든 것(맥주 캔, 음료수 캔 등)과 철로 만든 것(통조림 캔, 부탄가스 통 등) 두 가지가 있는데 분류할 필요 없이 같이 내놓아도 돼.

재활용을 잘하려면 2

옷은 재활용하기가 쉽지 않아. 대개 여러 종류의 섬유가 섞여 있고 지퍼나 단추 같은 이물질들이 달려 있어서야. 하지만 배출 방법은 간단해. 다른 사람이 입을 만한 깨끗한 옷은 의류 수거함에 버리면 돼. 상태가 괜찮은 모자, 신발, 가방 등도 마찬가지고. 비영리 단체에 기증하거나 중고 의류 거래를 하는 것도 좋은 방법이야. 다른 사람이 입기 힘든 낡거나 더러운 옷은 일반 쓰레기로 종량제 봉투에 넣어서 버려야 해.

수거함에 모인 옷의 5퍼센트는 국내의 재사용 가게로 보내지고 나머지 95퍼센트는 외국으로 수출해. 이불, 베개, 방석, 커튼, 인형, 전기장판, 장화, 실내화, 바퀴 달린 가방 등은 의류 수거함에 넣으면 안 된다는 것도 기억해 두면 좋겠지?

음식물 쓰레기를 규정에 맞게 정확히 버리는 방법은 좀 까다로워. 가장 큰 이유는 음식물 쓰레기를 동물 사료를 만드는 데 사용하기 때문이야. 즉, 동물이 먹을 수 없는 건 음식물 쓰레기로 버려선 안 된다는 얘기지. 소·돼지·닭 등과 생선류의 뼈, 조개류 껍데기, 딱딱한 과일 씨(복숭아, 살구 등)와 껍질(파인애플 등), 일회용 티백, 커피 찌꺼기 등은 음식물 쓰레기가 아니야.

하지만 그 많은 음식물 쓰레기 가운데 동물이 먹을 수 있는 것과 먹을 수 없는 것을 낱낱이 구분하기란 쉽지 않아. 게다가 지역에 따라 기준이 조금씩 달라. 지방 자치 단체마다 음식물 쓰레기 처리 시설의 여건과 기능이 달라서야. 그래서 많은 사람이 헷갈리고 불편을 겪고 있지.

앞에서 음식물 쓰레기는 퇴비, 사료, 바이오가스 등을 만드는 데 재활용한다고 했어. 근데 사실 우리나라 음식물은 소금기가 많아서 퇴비로 만들기에 적절치 않은 편이야. 가축 사료로 만드는 것에 대해서도 동물을 쓰레기 처리에 이용하는 게 바람직하냐는 비판이 높아지고 있어. 그래서 요즘은 바이오가스가 주목을 받고 있어. 지금은 음식물 쓰레기의 바이오가스화 비율이 10

다음 중 음식물 쓰레기로 배출하면 안 되는 것은?

살코기, 내장, 비계

과일껍질

미역, 다시마

장류

땅콩, 호두, 견과류 껍질

갑각류, 생선뼈

먹다 남은 밥

달걀 껍데기

빵

티백, 커피찌꺼기

배추, 무

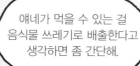
얘네가 먹을 수 있는 걸 음식물 쓰레기로 배출한다고 생각하면 좀 간단해.

내가 막 아무거나 먹고 그러진 않거든.

퍼센트 조금 넘는 수준이지만 갈수록 높아질 전망이야. 바이오 가스는 친환경적 에너지여서 음식물 쓰레기뿐만 아니라 가축 배설물이나 하수 찌꺼기 등도 한데 모아서 생산하면 더 좋아.

이제까지 주요 품목 중심으로 제로 웨이스트 실천에 필요한 분리배출과 재활용에 관해 알아봤어. 한데 아직도 재활용 표시 자체가 없는 물건이 너무 많아. 또한 전문가들도 어렵다고 불평할 정도로 무엇을 어떻게 버려야 할지 헷갈리는 게 수두룩해. 환경부 발표 자료에 따르면 2022년 기준으로 우리나라 사람 한 명당 해마다 446킬로그램에 이르는 생활 쓰레기를 버리고 있어. 재활용 쓰레기는 무게 기준으로 전체 생활 쓰레기의 25퍼센트 정도를 차지하는데 이 가운데 실제로 재활용되는 건 30~40퍼센트에 지나지 않아. 플라스틱 재활용률은 이보다 더 낮은 25퍼센트 정도이고.

그래서 해야 할 일이 많아. 먼저 분리배출에 관한 더 정확하고 상세한 정보가 시민들에게 제공되고 시민들은 이것을 편리하게 이용할 수 있어야 해. 배출된 수많은 물품의 특성에 맞게 다양하고도 효율적인 수거 시스템을 갖추는 것도 꼭 필요한 일이야. 첨

단 장비를 갖춘 외국의 선별장에서는 플라스틱 재활용률을 90퍼센트까지 끌어올렸다고 해. 각 개인의 실천에 있어서 가장 중요한 건 역시 '비헹분섞'의 원칙이야. 쓰레기 전문가들은 이 네 가지만 또박또박 잘 실천해도 제로 웨이스트 활동에 아주 훌륭하게 동참하는 길이라고 한목소리로 말하고 있어.

도도한 변화의 물결

재활용품 분리배출을 정확하게 잘하는 것은 제로 웨이스트의 출발점이야. 이를 넘어 더 큰 차원에서 해야 할 일은 뭘까?

무엇보다, 뭔가를 사기 전에 조금 더 깊이 고민해 보는 습관을 들이는 게 중요해. 뭔가를 갖고 싶다고 덜컥 사기보다는 이게 지금 나한테 꼭 필요한지, 쓰다가 얼마 안 가서 버리거나 싫증을 내진 않을지, 굳이 새것을 사기보다는 중고품을 구하거나 이전에 쓰던 걸 고쳐서 쓰면 안 되는지 등을 먼저 생각해 보자는 거지. 또 하나 강조하고 싶은 건 '아나바다' 정신이야. 이는 어떤 물건이든 최대한 '아'껴 쓰고 '나'눠 쓰고 '바'꿔 쓰고 '다'시 쓰도록 노력하자는 제안이야.

개인들이 모여 집단적인 소비자 행동을 벌이는 것도 중요해. 기업이나 정부를 움직이고 세상을 바꾸는 데 요긴한 구실을 할 수 있어서야. 예컨대 '플라스틱 어택'이라는 게 있어. 이 캠페인은 소비자들이 모여서 매장이나 제조 회사를 찾아가 플라스틱 사용이나 포장재를 줄이라고 요구하는 소비자 직접 행동을 말해. 효과가 얼마나 있겠느냐고? 모르는 소리. 이것으로 이룬 성과들이 제법 있어. 가령 스팸의 플라스틱 뚜껑, 종이팩의 플라스

틱 빨대, 케이크나 롤케이크에 딸려 오는 일회용 플라스틱 칼 등이 이 캠페인의 영향을 받아 부분적으로 사라졌어. 기업은 소비자들의 행동에 민감하게 반응하기 마련이야. 내가 목소리를 내어 요구하지 않고 항의하지 않으면 세상은 변하지 않는다는 사실을 명심하자.

이런 노력이 더 풍성한 열매를 맺으려면 제로 웨이스트와 관련된 사회적 기반과 정책 프로그램이 더 강력하게 밑받침돼야 해. 예를 들면 포장 용기 없이 내용물만 파는, 즉 쓰레기가 전혀 나오지 않는 제로 웨이스트 가게가 동네마다 있으면 사람들이 훨씬 손쉽게 이용할 수 있겠지?

서울 마포구에 '알맹상점'이라는 유명한 제로 웨이스트 가게가 있어. '껍데기는 가라, 알맹이만 오라!'라는 캐치프레이즈에 걸맞게 여기선 포장 용기를 들고 가서 필요한 제품을 필요한 만큼만 담아 오는 방식으로 물건을 사는 곳이야. 화장품, 세제, 샴푸, 올리브유, 식초 등이 주요 취급 품목들이지. 여기선 환경 관련 활동을 펼치거나 문화 행사 등을 열기도 해. 이런 가게가 다양한 형태와 방식으로 전국 곳곳으로 퍼져 나간다면 제로 웨이스트의

물결을 사회적으로 더 거세게 일으킬 수 있을 거야.

여기서 정부의 역할이 중요해. 만약 지방 자치 단체 등이 이런 일을 적극적으로 지원하고 나선다면 다양한 정책을 추진할 수 있지 않을까? 예컨대 주민 센터나 복지관 같은 공공 시설에서 제로 웨이스트 매장 공간을 저렴하게 제공하거나, 규모가 큰 일반 매장에 제로 웨이스트 매점 공간 설치를 의무화할 수도 있겠지. 이에 더해 정부와 민간이 손잡고 중고품 거래 가게, 물품 수리점, 재활용품 수집소, 업사이클링 제품 판매소 등을 곳곳에 많이 만들면 참 좋겠다 싶어.

상상력을 더 발휘한다면 놀이터도 제로 웨이스트의 현장이 될 수 있어. 예를 들면 '재활용 놀이터'라는 게 있어. 버려진 폐목재나 폐자재 등을 재활용해서 만든 친환경 놀이터지. 여기선 환경이나 문화 예술과 관련된 다양한 프로그램을 진행해. 단지 놀기만 하는 곳이 아니라 스스로 예술 창작과 문화 체험 등에 참여하는 대안 교육의 자율 놀이터이기도 한 셈이지. 예술 전문가들이 모인 사회적 협동 조합 '어린이날다' 등이 앞장서 전파하고 있는 재활용 놀이터는 경기도 이천시와 시흥시 등에 실제로 만들어져 시민과 아이들로부터 열띤 호응을 받았어.

개인보다 기업이 앞장서야

사실 흩어진 개인들만으로는 한계가 뚜렷해. 제로 웨이스트와 관련된 사회적 시스템과 정부 정책을 한층 더 촘촘하고 탄탄하게 마련하는 것이 무엇보다 중요해. 여기에 다양한 분야와 수많은 지역의 창의적인 시도들이 다채롭게 어우러진다면 큰 효과를 낼 수 있어.

제로 웨이스트 실천에서 가장 큰 책임과 의무를 다해야 할 주체는 바로 기업이야. 쓰레기의 원천인 물건을 만들어 팔고 이를 통해 막대한 이윤을 얻는 게 기업이니까 말이야.

기업들이 가장 먼저 해야 할 일은 처음부터 재활용이나 재사용이 잘 되는 제품을 생산하는 거야. 예를 들어 플라스틱 제품의 재질과 색깔을 생산 단계에서부터 단순하게 만들어야 한다는 거지. 포장재 사용을 줄이는 대신 재생 원료 사용량 늘리기, 리필 제품 더 많이 개발하기, 재활용 기술 더욱 발전시키기 등도 중요한 과제들이야.

미국의 카펫 제조 회사인 인터페이스 사례를 소개하고 싶어. 본디 카펫은 원재료, 생산 과정, 사용한 뒤 쓰레기 문제 등으로 환경을 심하게 망가뜨리는 제품으로 악명이 높아. 근데 이 회사는 세계에서 처음으로 '카펫 타일'이라는 걸 선보였어. 이것은 일반 카펫처럼 전체 바닥에 하나의 커다란 카펫을 까는 게 아니라 가로와 세로 각 50센티미터의 정사각형 타일을 모자이크식으로 이어 붙인 카펫이야. 카펫이 닳거나 훼손되면 전체가 아니라 그 타일만 떼어 내 갈아 끼우면 되는 혁신적인 제품이었지. 이 제품은 상업적으로도 커다란 성공을 거뒀고, 카펫 재활용의 새로운 길을 열었어.

나아가 이 회사는 제품의 전 과정에서 이산화 탄소 배출량보다

흡수량과 제거량이 더 많은 기후 위기 시대의 맞춤형 신제품도 개발했어. 에너지는 90퍼센트를 재생 에너지로 사용하고 있어. 동남아시아에서는 바다에 버려진 폐그물을 수거해 제품 생산에 재활용함으로써 환경 보호뿐만 아니라 현지의 경제 활성화에 도움을 주기도 해.

제품 생산, 기업 운영 방식, 국제 무역 등에서도 '환경'을 새로운 표준으로 삼는 시대가 이미 열렸어. 제로 웨이스트도 환경 분야를 뛰어넘어 경제와 사회 전체 차원에서 놓쳐선 안 될 주요 화두로 떠오르고 있어. 우리 기업들도 혁신과 변화를 서둘러야 해. 정부 또한 이런 도도한 흐름에 걸맞은 정책과 행정을 더욱 적극적으로 펼쳐야 하고 말이야.

플라스틱과의 세계 전쟁

외국의 경우, 유럽 연합(EU)이 환경 정책에서 가장 앞서가고 있어. 초점은 '플라스틱과의 전쟁'이야. 특히 도드라지는 것은 플라스틱 오염에 따른 비용 부과, 플라스틱 포장재와 일회용품 사용 금지 또는 강력한 억제, 재생 원료 사용 대폭 확대 등이야.

유럽 연합은 이미 2021년부터 재생 원료를 사용하지 않은 플라스틱 포장재에 대해 킬로그램당 0.8유로(약 1,200원)의 세금을 부과하고 있어. 2025년부터는 3리터 미만 크기의 플라스틱 음료 페트병에 대해 재생 원료를 의무적으로 25퍼센트 이상 사용하도록 하고, 2030년까지는 30퍼센트, 2040년부터는 50퍼센트의 재생 원료 사용 의무화를 추진하고 있어. 음료를 제외한 다른 모든 플라스틱 포장재는 2030년부터 30퍼센트, 2040년부터 65퍼센트 이상 재생 원료를 사용해야 해. 나아가 자동차나 전자 제품, 건축 자재에 이르기까지 재생 원료의 의무적 사용 범위를 더 넓혀 나가고 있어.

이뿐만이 아니야. 2030년까지 모든 포장재를 재활용할 수 있게 제품을 만들어야 하고, 2030년부터 2040년까지 포장재 쓰레기를 15퍼센트 줄이겠다는 계획을 추진하고 있어. 이미 2022년부터 일회용 식기, 풍선 막대, 플라스틱 면봉 등 플라스틱 열 가지 품목의 사용 금지를 강력히 추진해 온 걸 보면 쓰레기 문제에

임하는 자세가 꽤 단호하다는 걸 알 수 있어.

프랑스에서는 2022년부터 사과와 바나나를 비롯한 약 30개 품목의 과일과 채소는 플라스틱으로 포장하지 못해. 영국에서는 재생 원료 비중이 30퍼센트가 안 되는 플라스틱 포장재를 만들면 '플라스틱세'를 내야 해.

세계 최악의 소비 대국인 미국에서도 눈여겨볼 만한 움직임이 나타나고 있어. 이를테면 캘리포니아주는 2022년부터 플라스틱 음료 포장재에 15퍼센트의 재생 원료를 사용해야 한다는 법률을 통과시켰어. 이 비율을 2030년까지 30퍼센트로 단계적으로 높

일 계획이고, 나중엔 이런 정책을 음료 포장재를 넘어 모든 플라스틱 포장재로 넓혀서 시행할 예정이야.

플라스틱 국제 협약을 만들려는 움직임도 본격화하고 있어. 지난 2022년 175개 나라 정부 대표가 모여 법적 구속력이 있는 플라스틱 국제 협약을 2024년까지 만들기로 합의했어. 이는 플라스틱을 생산하고 소비하고 버리는 과정 모두를 다루는 최초의 플라스틱 국제 협약이야. 그래서 처음엔 큰 기대를 모았어. 하지만 안타깝게도 2024년 말 우리나라 부산에서 플라스틱 국제 협

약을 만들기 위해 열린 국제 회의는 실패로 끝나고 말았어. 플라스틱 생산 규제 여부, 유해 화학 물질 규제 방안 등 주요 쟁점을 둘러싸고 나라들 사이에 이해관계가 크게 엇갈린 탓이지. 추가 협상을 이어 가기로는 했는데, 앞으로 어떤 결과가 나올지는 지켜봐야 해.

환경 선진국이 진짜 선진국

덴마크는 선진적인 쓰레기 처리로 널리 알려진 나라야. 이를 잘 보여 주는 것이 수도 코펜하겐에 있는 독특한 쓰레기 처리 시설이야. '코펜하겐의 언덕'이라는 뜻의 별명 '코펜힐'로도 유명한 아마게르 바케 소각장이 그 주인공이지.

이 소각장은 단순한 쓰레기 처리 시설이 아니야. 쓰레기를 태워 전기와 열에너지를 생산하는 발전소이기도 하고, 야외 공연장, 스키장, 암벽 등반장, 음식점 등을 두루 갖춘 시민들의 여가 문화 시설로도 부족함이 없어. 첨단 설비를 가동하는 덕분에 시민들이 오염 물질 배출 걱정은 전혀 하지 않는다고 해.

이 나라가 세운 쓰레기 처리 원칙은 자기 지역에서 발생한 쓰레기는 자기 지역에서 처리하되 그 방식은 쓰레기를 태워서 새로운 에너지를 생산한다는 거야. 이렇게 해서 나오는 열에너지는 지하에 설치된 파이프망을 통해 각 가정과 상업 시설 등에 난방용으로 공급하고 있어. 흔히 열 병합 발전 혹은 지역난방이라 부르는 시스템이 바로 이거야.

이 덕분에 덴마크 사람들이 부담하는 난방비는 5분의 1로 크게 줄었고, 전체 쓰레기 가운데 매립하는 양은 4퍼센트밖에 되지 않아. 국제적 명소로 떠오른 아마게르 바케 소각장은 이런 앞서가는 덴마크 쓰레기 처리 정책의 상징이라고 할 수 있어.

브라질의 쿠리치바라는 도시에서는 1992년부터 '쓰레기 아닌 쓰레기'라는 흥미로운 이름의 정책을 펼치고 있어.

간단히 말하면 재활용 쓰레기를 식품으로 교환해 주는 제도야. 사람들이 종이, 유리병, 캔, 플라스틱 같은 재활용 쓰레기 4킬로그램이나 폐식용유 2리터를 모아서 갖다 주면 채소나 과일을 1킬로그램가량 바꿀 수 있는 교환권을 줘. 돈 없이도 먹을 것을

구할 수 있으니 사람에게도 좋고, 쓰레기가 줄어들고 재활용도 잘 되니 환경에도 좋은 정책이야.

세계의 다른 곳들에서도 이와 비슷한 움직임이 나타나고 있어. 주민들이 쓰레기를 수거해 오면 현금으로 바꿔 주는 '쓰레기 은행', 재활용 쓰레기를 가져오면 무료로 밥을 제공하는 '쓰레기 카페' 등이 그런 사례들이야. 이것들은 쓰레기 문제 해결을 꾀함과 동시에 저소득층을 경제적으로 지원하는 정책이라는 공통점을 지녔어. 그래서 생태 위기와 불평등이 함께 깊어지는 지금 시대 상황에 썩 잘 어울리는 시도들이라고 할 수 있어.

독일의 판트 제도도 눈여겨볼 만해. '판트'는 독일어로 '보증금'이라는 뜻이야. 재사용이나 재활용이 가능한 물건에 보증금을 부과해 판매하고 소비자가 물건을 사용한 뒤 그대로 반환하면 보증금을 돌려주는 제도지. 2003년부터 페트병에 0.25유로(약 375원), 유리병에는 0.08~0.15유로(약 120~225원) 등의 보증금을 부과하고 있어. 대부분의 마트에는 어김없이 페트병, 유리병, 캔 등을 받고 보증금을 돌려주는 무인 회수기가 설치돼 있지. 동그랗게 뚫린 구멍에 가져온 물건을 넣으면 돌려받을 보증금 액수

가 적힌 바코드 종이를 기계가 출력해 주고, 이걸 마트에 가져가면 현금으로 돌려받거나 현금처럼 사용할 수 있어.

이 제도 덕분에 독일은 2019년 기준으로 병 한 개의 평균 재사용 횟수가 40~50회로, 빈 병 재사용률이 무려 98퍼센트나 돼. 페트병도 대부분을 회수해서 재활용률이 97퍼센트에 이르고. 그래서 독일 거리에서는 음료를 마신 뒤 빈 페트병을 다시 가방에 넣어 가는 사람, 페트병과 유리병과 캔을 일부러 찾아 모으는 사람들을 쉽게 찾아볼 수 있다고 해.

우리나라의 빈 병 재사용 횟수는 얼마나 되냐고? 평균 8회 정도에 그치고 있어. 보증금 액수도 독일보다 적고 보증금 환급 기계나 재활용품 수집소 같은 것들도 많이 부족한 탓이야. 참고로 핀란드의 빈 병 재사용 횟수는 30회, 일본은 24회야.

보증금 제도는 장점이 많아. 우선 쓰레기 발생량을 줄일 수 있어. 특정 재활용 쓰레기를 따로 모으니까 높은 수준의 재생 원료를 만들 수 있고, 물건의 재사용률 또한 획기적으로 높일 수 있어. 따라서 우리나라도 보증금 제도를 독일처럼 더욱 강력하게 시행할 필요가 있어. 그리고 무엇보다 현재 유리병에만 그치고 있는 보증금 제도의 적용 대상을 다른 용기로까지 크게 넓히는 게 급선무야.

진짜 선진국은 경제만 발전하고 물질적으로 잘살기만 한다고 되는 게 아니야. 지금은 '환경 선진국'이야말로 진정한 선진국으로 인정받는 시대야. 몇 가지 외국 사례를 소개한 건 우리도 참된 선진국의 길에 온전히 들어서기를 바라는 마음에서야.

'수리권' 이야기

제로 웨이스트 바람을 타고 최근 '수리권'이 뜨거운 이슈로 떠오르고 있어. 수리권이 뭐냐고? 소비자가 제품을 '수리할 권리'

를 말해. 앞에서도 말했듯이 요즘은 부품이 없거나 비용이 많이 들어서 물건을 수리하기 힘들 때가 많아. 그러다 보니 조금만 손을 보면 얼마든지 더 쓸 수 있는 물건인데도 그냥 버리고 울며 겨자 먹기로 새것을 사곤 하지. 낭비와 쓰레기 배출을 부추기는 이런 현실을 바로잡고자 하는 게 수리권 운동이야.

수리권은 단지 수리를 '받을' 권리만을 이야기하는 것이 아니야. 소비자가 스스로 수리할 수 있는 권리, 제조업체가 아닌 다른 민간 수리업체를 통해서도 수리할 수 있는 권리를 포함해.

더 나아가 수리권은 애초부터 쉽게 수리할 수 있는 제품을 만들라고 요구할 권리로 확장되기도 해. 그래서 최근엔 수리하기 쉽고 수명이 긴 제품을 선택하고 또 사용할 권리를 뜻하는 것으로까지 폭넓게 받아들여지고 있어.

기업이 수리권을 제대로 보장하려면 해야 할 일이 무척 많아. 더 튼튼하고 오래가는 제품을 만들어야 하고, 미리미리 수리에 필요한 부품도 넉넉히 생산해 두어야 해. 수리 관련 기술도 계속 발전시켜야 하고, 수리권과 관련된 조직 체계나 업무 진행 시스템도 갖춰야겠지. 수리권에 대한 요구가 급속히 높아지면서 수리권은 이제 기업에도 발등에 떨어진 불이 되고 있어.

수리권 이야기에는 더 깊은 메시지가 담겨 있기도 해.

오늘날 대다수 현대인은 물건이 넘쳐 나는 세상을 살면서도 정작 물건 자체를 깊이 알지는 못해. 그저 즉흥적으로 물건을 소비하고 사용할 뿐이야. 그러니 쓰고 나서 버리면 그만이야. 그렇지만 누군가를 사랑한다는 건 그 사람을 잘 알고 깊이 이해한다는 뜻이잖아? 물건도 다르지 않아. 물건을 제대로 알아야 그 물건을 아끼고 사랑하고 존중하는 마음이 싹틀 수 있어. 근데 망가진 것을 수리하다 보면 그 물건의 속성을 더 깊이 알게 되고 그럼으로써 그 물건과 더 친밀한 관계를 맺을 수 있어. 이런 점에서 수리권은 우리가 사물이나 이 세계와 맺는 관계를 더 성숙하게 가꾸는 데 보탬이 된다고 할 수 있어.

최근 들어 세계 여기저기서 수리권을 보장하는 법과 제도가 새로이 만들어지고 있는 건 이런 배경에서야. 이를테면 2023년 유럽 연합 의회에서 수리권을 보장하는 법안이 통과된 것처럼 말이야.

수리권과 관련해 가장 돋보이는 움직임을 보이는 나라는 프랑스야. 2021년부터 유럽에서 처음으로 핸드폰, 노트북, 텔레비전 등 5개 제품에 '수리 가능성 지수'를 의무적으로 표시하도록 한 것이 특히 관심을 끌었어. 즉, 이들 제품을 얼마나 쉽게 수리할 수 있는지 따져서 점수를 매기고 그것을 제품에 표시하도록 했다는 거지. 이것이 기업들에는 커다란 압박으로 작용하기 때문에 제품 수리 비율을 올리는 데 상당한 효과를 볼 수 있어.

나아가 2022년 12월부터 전자 제품 수리비를, 2023년 10월부터는 옷 수선비를 정부가 지원하는 정책도 펼치고 있어. 내가 내 옷을 수선하는데 정부에서 돈을 보태 주다니, 놀랍지 않니?

미국도 수리권 움직임에 동참하고 있어. 2024년 현재 전체 50개 주 가운데 47개 주에서 수리권과 관련된 법률안이 발의된 상태야. 이 가운데 4개 주는 이미 법안이 통과됐고.

이런 세계 흐름에 견주어 우리나라는 아직 '수리받을' 권리의 일부만 보장하는 수준에 머물고 있어.

유럽 도시 곳곳에는 '수리 카페'가 있어. 차를 마시며 얘기 나누는 만남의 장소인 동시에 다양한 수리 도구를 갖추고 있어서 누

구나 와서 물건을 수리할 수 있는 곳이지. 요즘 그 수가 급속도로 늘고 있대. 수리하는 일이 이렇게 일상생활 속에 녹아들면 왠지 삶이 더 재밌고 풍요로워질 것 같지 않니?

'도시 광산'이 뭐지?

또 한 가지 빠뜨릴 수 없는 건 '도시 광산' 이야기야. 도시 광산? 도시에서 무슨 지하자원 같은 광물을 캔다는 말이냐고?

도시 광산이란 버려진 핸드폰, 노트북 같은 것에서 금속 자원을 뽑아내 재활용하는 걸 비유적으로 일컫는 말이야.

전 세계 금의 7퍼센트가 버려진 전기 전자 제품에 들어 있다는 조사 결과가 있어. 실제로 스마트폰에는 값비싼 자원이 60종도 넘게 들어 있어. 금, 은, 알루미늄, 텅스텐, 구리, 철, 코발트 등이지.

환경부 분석 자료에 따르면 버려진 스마트폰 1톤을 모으면 300~400그램의 금을 뽑아낼 수 있어. 자연에서 금광석 1톤을

캐면 보통 4~5그램의 금밖에 얻을 수 없거든. 도시 광산이 얼마나 효율 높은 고부가가치 산업인지 단박에 알 수 있지?

그리고 실제 광산업은 환경 파괴와 오염을 심하게 일으키고 자원과 에너지도 많이 잡아먹어. 돈과 시간도 많이 들고. 그러니 도시 광산이 번창할수록 환경과 경제 양면에서 톡톡히 이득을 얻을 수 있어.

더군다나 우리나라는 광물 자원 대부분을 수입에 의존하고 있어. 도시 광산을 소중히 여겨야 할 또 하나의 이유지.

이런 도시 광산 활동에 참여하는 건 어려운 일이 아니야. 예컨대 대부분 집의 책상이나 장롱 서랍에는 가족들이 새 핸드폰을 산 뒤 방치하고 있는 중고 핸드폰들이 몇 대씩 있을 거야. 우선 이것부터 처리하는 게 어떨까? 폐스마트폰을 모아서 E-순환거버넌스의 기부 프로그램인 나눔폰(www.나눔폰.kr)에 보내는 거야.

온라인 접수를 한 후 택배 발송을 하면 되는데, 택배 요금을 받는 곳에서 부담하는 착불로 보내. 오래되었거나 파손된 것도 상관 없고, 휴대폰 배터리나 충전기만 있는 경우에도 보낼 수 있

어. 개인 정보는 안전하게 파기되니까 걱정하지 않아도 돼.

이렇게 하면 도시 광산 활동에 참여할 수도 있고, 휴대폰에 들어 있는 유해 물질을 안전하게 처리할 수도 있어. 자원도 절약되고 자연도 보호하는 거지.

대형 가전제품은 앞서 이야기한 것처럼 E-순환거버넌스의 폐가전제품 무상 방문 수거 서비스를 신청하면 비용 부담 없이 방문해서 수거해 가. 그 뒤 파쇄와 재활용 등은 다 알아서 처리해 주고 말이야.

소형 가전제품은 대형 가전제품과 함께 수거 신청하거나, 다섯 개 이상이어야 신청이 가능해. 만약 수량이 부족하거나 수거 가능 품목에 들어가 있지 않다면, 집에서 가까운 가전제품 매장이나 서비스 센터를 찾아가 봐. 소형 폐가전 수거함을 운영 중이거

든. 그 회사 제품이 아니어도 이용할 수 있어.

지방 자치 단체에 따라 재활용품 버리는 곳에 소형 폐가전을 무상으로 배출할 수도 있으니 각자 사는 지역의 주민 센터 등에 문의해 보는 것도 추천해. 서울의 경우, 높이 1미터 미만의 소형 폐가전은 대부분 무상 배출 가능해.

내가 할 수 있는 일은?

제로 웨이스트를 위해 내가 할 수 있는 일은 뭘까? 어른도 아닌 어린 내가 뭘 할 수 있겠느냐고? 아니야. 관심을 가지고 찾아보면 할 일은 얼마든지 있어.

아주 쉬운 일부터 먼저 제안하고 싶어. 우리 집에서 나오는 쓰레기들을 꼼꼼히 점검해 보는 거야. 쓰레기봉투에 가득 찬 쓰레기들을 버리기 전에 커다란 신문지나 넓적한 대야 같은 데 몽땅 쏟아 놓고 찬찬히 조사해 보는 거지. 이걸 몇 번 해 보면 우리 집에선 어떤 쓰레기를 많이 버리는지, 일상생활에서 버리는 쓰레기가 얼마나 다양하고 많은지, 버리지 않아도 될 것을 버리진 않았는지 등을 알 수 있어. 재활용 쓰레기를 살펴보게 되면 앞서 언급한 '비헹분섞' 원칙을 제대로 실천했는지 확인할 수도 있어.

이것은 매우 간단한 일이지만, 평소 우리 가족의 소비 행태나 쓰레기 배출 습관 등을 반성하고 또 개선하는 데 큰 도움이 될 거야.

우리 집 분리배출 당번이 되어 재활용 쓰레기를 분류해서 버리는 일을 맡아서 해 보는 것도 뜻깊은 경험이 될 거야. 이 책에서 배운 재활용 쓰레기 올바로 버리는 법을 익힐 좋은 기회가 될 것이고, 덤으로 부모님에게 칭찬도 듬뿍 받겠지?

지역마다 있는 자원 재활용(순환) 센터에 견학을 가 보는 것도 좋아. 사는 데서 멀지 않은 곳에 '자원 회수 시설'이라 불리기도 하는 쓰레기 소각장이 있다면 여기도 가 보는 게 좋고. 이런 곳에서 내가 버린 쓰레기가 어떻게 처리되는지를 실제로 본다면 느끼고 배우는 바가 남다를 거야.

부모님 등 어른의 도움을 받아 '당근' 등과 같은 온라인 중고품 거래업체를 이용해 중고 물품을 직접 사고파는 경험을 해 보는 건 어떨까? '아름다운가게'를 비롯해 곳곳에 있는 중고품 매장이나 벼룩시장 등을 부모님과 함께 찾아가서 옷 같은 것도 사 보고 말이야. 이런 방법으로 싼값에 필요한 물건을 손에 딱 넣었을 때 맛보는 기분은 무척 상쾌해. 지금 이 글을 쓰는 데 사용하고 있는 노트북도 중고품 거래 사이트를 통해 산 건데 완전 대만족이야. 비슷한 성능의 신제품에 비해 3분의 1 정도밖에 안 되는 가격에 사서 오래도록 잘 쓰고 있거든.

원하는 것도 얻고 돈도 아끼고 지구를 살리는 데 보탬도 되니 얼마나 좋아?

'공유 경제'라는 것도 있어. 말 자체가 좀 어렵게 들릴 텐데, 우리나라 여러 도시에서 운영하는 공공 자전거를 떠올리면 쉽게 이해할 수 있어. 지방 자치 단체에서 자전거를 대량으로 확보해 두고 누구나 싼값에 이용할 수 있도록 한 것이 공공 자전거 제도야. 가장 유명한 건 서울의 '따릉이'야. 초록색인 따릉이는 이미 탄탄히 뿌리를 내려서 수많은 서울 시민이 즐겨 이용하고 있지. 서울뿐만 아니라 다른 여러 도시에서도 공공 자전거를 이용할 수 있어.

이런 공공 자전거는 '공유 자전거'라고도 할 수 있어. 즉, 공유 경제란 물건을 서로 빌리고 빌려줌으로써 여러 사람이 공동으로 이용하는 경제 활동 방식을 가리키는 말이야.

자전거, 자동차, 도구, 기기 등을 이런 식으로 이용하면 장점이 많아. 쓰레기와 오염 물질 발생을 줄일 수 있을 뿐만 아니라 자원과 에너지도 절약할 수 있지. 직접 물건을 사서 소유하거나 이용할 때 드는 비용 낭비와 번거로움도 피할 수 있고 말이야. 개인한테도 좋고 지구에도 도움이 되는 경제가 공유 경제라는 얘기지.

물론 공유 경제가 지나치게 기업의 돈벌이 수단처럼 변질될 때도 있긴 해. 하지만 공적인 형태로 운영되거나 시민 주도로 이루어지는 것과 같은 건강한 방식의 공유 경제는 제로 웨이스트의 정신과도 통하는 게 많아. 공공 자전거 이용을 비롯해 공유 경제 활동에 참여하는 것도 썩 훌륭한 제로 웨이스트 실천법 가운데 하나야.

제로 웨이스트는 거창한 게 아니야. 오늘 학교 급식으로 점심을 먹을 때 음식을 많이 남겨서 버리진 않았는지, 지금 당장 옷

장과 책상 서랍을 열고 입지도 않는 옷이나 쓰지도 않는 학용품이 너무 많은 건 아닌지를 되살펴 보는 것도 내가 손쉽게 할 수 있는 일이야.

한 번 더 강조하고 싶은 건 뭔가를 사기 전에 깊이 생각해 보기, 그리고 어떤 물건이든 '아나바다'의 마음으로 대하기야.

제로 웨이스트의 물결은 이런 작은 노력이 쌓이고 모일 때 세상을 바꾸는 힘찬 파도가 될 수 있어.

5장

지구도 살고
나도
사는 길

재활용의 함정

앞에서 재활용의 중요성을 강조했어. 하지만 이런 질문을 던져볼 필요가 있어. 재활용은 모든 쓰레기 문제를 해결해 줄 만병통치약일까? 제로 웨이스트를 한 방에 이루어 줄 요술 방망이일까? 그렇지 않아. 재활용엔 함정이 있어.

재활용 덕분에 버려질 뻔했던 쓰레기가 새로운 재생 원료 등으로 거듭나는 건 당연히 좋은 일이야. 그렇지만 근본적으로 재활용이란 뭔가를 또다시 만드는 일이야. 그 때문에 재활용만 중시하다 보면 생산은 줄어들지 않고 그대로 이어지게 돼. 게다가 재활용을 통해 재생 원료를 만드는 과정에서도, 이 재생 원료를 이용해 또 다른 물건을 생산하는 과정에서도 어김없이 에너지와 자원이 소모되고 쓰레기가 나와.

그러므로 쓰레기를 많이 버려도 재활용만 열심히 하면 괜찮은 것 아니냐고 여기는 건 짧은 생각이야. 재활용은 환경 문제의 근본 원인인 대량 생산과 대량 소비에 본질적인 변화는 일으키지 않으면서 마치 환경적 책임을 다하는 것 같은 착각을 불러일으키곤 해. 그 바람에 원래의 좋은 취지와는 달리 맘껏 생산하고 소비하고 버려도 된다는 생각을 알게 모르게 심어 줄 수도 있어.

물론, 재활용이 의미 없다는 뜻은 전혀 아니야. 재활용은 쓰레기 문제의 대단히 중요한 해법이지만, 재활용에 앞서 처음부터 쓰레기 발생 자체를 줄이는 것이 훨씬 더 중요하다는 얘기지. 목욕탕 욕조에 물이 흘러넘치는데, 바가지로 물을 계속 퍼낸다고 해서 문제가 해결될까? 근본 해결책은 수도꼭지를 잠그는 거야. 이것이 제로 웨이스트의 진정한 정신이지.

이런 맥락에서 다시금 되새길 것은 각 개인의 실천만으로는 한계가 뚜렷하다는 점이야. 예를 들어 우리나라 각 가정에서 배출하는 생활 폐기물은 얼마나 될까? 환경부와 환경 관리 공단의 공동 발표 자료에 따르면 2022년 현재 무게 기준으로 우리나라에서 발생하는 전체 폐기물 가운데 9퍼센트에 지나지 않아. 대부분은 50퍼센트에 달하는 사업장 폐기물과 41퍼센트에 이르는 건설 폐기물이야. 이는 우리가 집에서 쓰레기 배출을 열심히 줄인다 해도 쓰레기 문제를 온전히 해결하기 어렵다는 걸 일깨워 주고 있어.

정말 중요한 것은 쓰레기를 대량으로 만들어 내야만 유지되고 번창하는 기존의 경제 시스템과 물질 흐름 방식을 근본적으로 바꾸는 일이야.

물론 개인의 실천은 대단히 중요하고 꼭 필요해. 하지만 '대량 생산-대량 소비-대량 폐기' 시스템을 원동력으로 하여 굴러가는 성장과 개발 중심의 경제 구조를 뜯어고치지 않고서 제로 웨이스트를 이루기는 힘들어.

'순환 경제'와 '탈성장'의 길로

이를 위해 먼저 필요한 건 경제를 보는 관점을 바꾸는 거야.

경제에서 이루어지는 물질 흐름은 자연 생태계에서 이루어지는 더 큰 물질 순환 흐름에 포함돼 있어. 자연 생태계에 있는 자원과 에너지가 인간이 만든 경제 시스템으로 들어가서 생산이나 소비 같은 경제 활동에 사용되고, 그 뒤 쓰레기 형태로 다시 자연 생태계로 나오는 과정의 연속이 바로 경제가 움직이는 과정이거든.

　이런 관점에서 최근 새롭게 주목받는 것이 '순환 경제'야. 순환 경제란 쓰레기가 생기지 않는 자연 생태계처럼, 물질이 버려지지 않고 돌고 돌며 순환하는 경제를 말해. 자원을 폐기하지 않고 반복해서 다시 사용함으로써 자원 낭비와 쓰레기 배출을 최소한으로 줄이는 데 초점을 맞춘 경제라고 할 수 있어. 쓰레기가 나오지 않는 자연 생태계의 순환 원리를 닮은 경제. 자연과 조화롭게 연결되고 통합되는 지속 가능한 경제. 즉, 제로 웨이스트를 이룸으로써 생태 위기를 해결할 수 있는 새로운 경제가 순환 경제야.

　순환 경제를 꽃피우려면 생산, 유통, 소비를 거쳐 폐기와 재활용 단계에 이르기까지 경제의 모든 과정을 대대적으로 뜯어고치지 않으면 안 돼. 정말 쉽지 않은 일이겠지?

　하지만 2장에서 이야기한 것처럼, 물질 흐름이 생산-소비-폐기의 일직선으로 이루어지는 지금의 경제를 그대로 둔다면 끝없이 쌓여 가는 쓰레기 더미에서 헤어날 길이 없어. 이는 곧 자원 고갈, 에너지 위기, 생태 재앙 등에 영원히 시달리게 된다는 뜻이야. 힘들고 더디더라도 순환 경제는 우리가 가야 할 길이야.

순환 경제 이야기는 탈성장 이야기로 이어져. 탈성장? 이건 또 뭘까?

여기서 '탈(脫)'이라는 글자는 '벗어난다.'는 뜻이야. 경제는 무조건 성장해야 좋다거나 경제 성장이 우리를 행복으로 이끌어 줄 거라는 오래된 고정 관념에서 벗어나는 것이 탈성장 경제의 기본이야. 성장을 향한 맹목적인 질주에서 벗어나 성장의 속도와 규모를 적절히 관리하고 제어함으로써 새로운 개념의 번영을 이루는 것, 이것이 탈성장 경제의 목적이야. 돈, 소유, 소비, 속도, 경쟁 등의 노예로 사는 게 아니라 참된 삶의 풍요와 행복을 일구고자 하는 경제라 할 수도 있지.

탈성장의 상징은 달팽이야. 달팽이는 겉껍데기를 소용돌이 모양으로 키워 나가다가 일정한 크기에 이르면 더 키우지 않아. 더 키웠다간 껍데기가 갑자기 너무 커져서 무게를 감당할 수 없어지니까.

우리 문명, 우리 경제, 우리 삶의 껍데기는 이미 너무 커진 상태가 아닐까? 곳곳에 넘쳐 나는 일회용품과 산처럼 쌓인 쓰레기 더미들이 보여 주듯이 말이야. 그런데도 우리는 껍데기를 더 키우겠다고 안달복달하고 있어.

 이제 더 늦기 전에 달팽이의 지혜를 배울 때야. 덜 만들고 덜 쓰고 덜 버리기. 이 지혜를 실천으로 옮기는 것이 바로 제로 웨이스트 운동이야. 그리고 이것을 가능하게 해 주는 토대가 순환 경제와 탈성장 경제야.

저 배를 침몰시킨 것은

2010년 8월 우리나라 어선 오양 70호가 남태평양의 뉴질랜드 동쪽 바다에서 침몰하는 사고가 일어났어.

이 배는 배 뒤쪽으로 거대한 원통형 어망을 내려 청대구를 잡아 올렸어. 근데 사고가 난 날은 청대구가 너무 많이 잡혔어. 배에 실을 수 있는 양을 넘었지. 배가 어망을 끌어 올리기는커녕 도리어 배가 어망에 끌려다닐 지경이었다고 해.

위험을 직감한 선원들은 선장에게 어망을 끊어야 한다고 호소했어. 하지만 선장은 이를 무시한 채 어망을 계속 끌어 올리라는 지시를 내렸어. 자살행위나 다름없었지.

배는 청대구의 어마어마한 무게를 감당할 수 없었어. 기울어진 배로 바닷물이 사정없이 들이닥쳤고, 결국 배는 가라앉고 말았어. 어리석고도 무모한 명령을 내린 선장을 포함해 모두 여섯 명이 목숨을 잃은 안타까운 참사였어.

이 배를 침몰시킨 건 사나운 바다가 아니라 인간의 지나친 탐욕이었어. 지금 우리가 탄 문명의 배도 마찬가지 아닐까?

여태껏 이 배는 거대한 쓰레기 더미를 끌고 다니며 항해를 이어 왔어. 하지만 갈수록 쓰레기 더미가 더 커진다면 저 원양 어선을 집어삼킨 비극이 문명이라는 배에도 들이닥치지 말란 법은 없을 거야.

소득이 어느 수준에 이르러 기본적 욕구가 충족되고 나면 그 뒤로는 소득이 늘어나도 행복에 큰 영향을 끼치지 않는다는 이론이 있어. 즉, 몹시 가난할 때는 돈을 많이 벌수록 행복도 이에 비례해서 커지지만, 먹고사는 데 어려움이 없을 정도의 생활 수준에 이르면 그 뒤로는 그렇지 않다는 얘기지.

행복과 '좋은 삶'에 이르는 또 다른 길이 얼마든지 있을 수 있어. 중앙아메리카의 작은 나라 코스타리카는 그걸 보여 주는 사례 가운데 하나야. 이 나라는 경제적으로 그렇게 잘사는 나라가 아니야. 근데 흥미롭게도 국민 행복도 조사를 해 보면 거의 늘 세계 최상위권이야. 비결이 뭘까?

코스타리카는 1948년에 일찌감치 군대를 폐지했어. 당시 정치적 갈등으로 내전을 겪은 뒤 온 국민이 평화의 소중함을 절감하면서 이런 파격적인 결단을 내렸어. 이 나라는 또한 중남미 지역

의 다른 나라들과는 달리 민주주의와 인권 수준이 매우 높고 정치가 안정돼 있어.

이 나라의 가장 중요한 특징은 강력한 환경 보호 정책이야. 전 국토의 4분의 1이 국립 공원과 자연 보호 구역이고, 에너지 대부분을 재생 에너지에서 얻고 있어. 국토 면적이 지구 전체의 0.03퍼센트밖에 되지 않는데도 세계 생물 자원의 5퍼센트를 보유하고 있어. 이 나라의 잘 보전된 원시 자연을 체험하는 생태 여행도 큰 인기여서 세계 각지에서 사람들이 몰려들어. 최근엔 정부가 나서서 세계 최초로 공공 동물원을 폐지하기도 했어. 동물원이 동물 학대의 현장이라는 이유에서지.

좀 전에 환경 선진국이 진짜 선진국이라고 했잖아? 코스타리카는 '행복 선진국'이 환경 선진국, 평화 선진국, 정치 선진국 등과 어떻게 한 몸을 이루는지를 잘 보여 주고 있어. 이 나라 사람들의 행복감과 삶의 만족감이 매우 높은 건 이런 배경에서야. 코스타리카를 보면 쓰레기 더미를 끝도 없이 쌓아 올리면서 이루어지는 경제 성장 따위에 목을 매지 않아도 높은 삶의 질을 누릴 수 있고 사회 발전도 가능하다는 사실을 알 수 있어.

제로 웨이스트의 참뜻

인류는 지난 100년 동안 그 이전 1천 년 동안 사용한 에너지의 열 배를 소비했어. 18세기까지 인류 경제는 해마다 0.05퍼센트씩 성장했다고 해. 한데 세계적으로 대량 생산과 소비 대중화 시대가 활짝 열린 1950년대부터는 해마다 3.7퍼센트씩 성장했어. 지구는 예나 지금이나 그대로인데 지구에 가해지는 부담과 압력은 아주 짧은 기간에 폭발적으로 늘어난 거야. 그러니 지구가 버틸 수 있겠어?

지구는 한계가 있어. 언제까지나 내키는 대로 자원을 뽑아 쓸 수 없어. 언제까지나 쓰레기를 버릴 공간이 남아 있지도 않아.

모든 물건은 지구에서 왔고, 처음부터 쓰레기인 물건은 없어. 이제 정말 쓰레기를 대하는 태도가 달라져야 해. 이는 곧 삶을 대하는 태도가 달라진다는 뜻이야. 쓰레기를 줄일수록 생활은 날씬해지고 삶은 산뜻해지고 살림살이는 피어 날 거야.

그러므로 제로 웨이스트의 참뜻은 단순히 쓰레기 줄이기에서 끝나지 않아. 결국은 아름다운 세상을 만들고 좋은 삶을 누리자는 거야. 허구한 날 소유와 소비에 찌든 삶으로는 얻기 어려운 새로운 삶의 평화와 재미를 맛보자는 거야.

나도 살고 지구도 사는 길. 인간과 자연이 공동 번영을 누리는 길. 이것이 제로 웨이스트가 가고자 하는 길이야.